**DIVC**

*cum îl p*
*cum îl*

# Divorțul

*cum îl prevenim*
*cum îl depășim*

*Ediție alcătuită de Dmitry Semenik*

Traducere din limba rusă de
Adrian Tănăsescu-Vlas

editura Σοφία

București

Redactor: Diana-Cristina Vlad

Coperta: Mona Velciov

Traducerea a fost făcută după originalul în limba rusă: *Preodolenie razvoda,* Ed. Dar, Moscova, 2009.



**Descrierea CIP a Bibliotecii Naționale a României**

**Divorțul: cum îl prevenim, cum îl depășim** / ed. alcăt. de Dmitry Semenik; trad. din lb. rusă de Adrian Tănăsescu-Vlas. – București: Editura Sophia, 2011
ISBN 978-973-136-263-2

I. Semenik, Dmitry (ed.)
II. Tănăsescu-Vlas, Adrian (trad.)

265.51
159.9

# Cuvânt înainte

Cartea de față, al cărei punct de plecare se află în materialele site-ului perejit.ru, este alcătuită din două părți. Prima conține mărturii ale unor diverse persoane care au trecut prin experiența traumatizantă a divorțului; acestea, deși marcate mai mult sau mai puțin de slăbiciuni omenești și subiectivisme, au însă în comun năzuința sinceră spre o înțelegere și trăire ortodoxă a acestei experiențe și a urmărilor ei. Cea de-a doua reunește păreri și sfaturi ale câtorva preoți și psihologi ortodocși cu o bogată experiență în domeniu.

Materialele incluse în această lucrare au fost selectate în așa fel, încât să acopere un spectru cât mai larg de situații, probleme și perspective, oferind soluții concrete la diversele probleme particulare cu care se lovesc cei care se confruntă, sub o formă sau alta, cu tragedia divorțului.

Sperăm ca publicarea în limba română a acestui volum care s-a bucurat de mare succes în Rusia să ajute la prevenirea sau vindecarea cât mai multor drame familiale și a urmărilor lor.

*Editorii*

*Partea I*

# ISTORII DIN VIAȚĂ

# Nu lăsa sufletul să se lenevească...

Aveam 18 ani, el – 28. El mai fusese căsătorit, dar „soţia nu îl înţelegea, şi au divorţat". Toate acestea îmi flatau foarte tare orgoliul infantil. Mă flata şi faptul că el era sufletul oricărei petreceri, organizatorul tuturor distracţiilor. Toată lumea îl iubea: l-am îndrăgit şi eu.

Ne-am căsătorit, am făcut nuntă; îmi aduc aminte şi acum de cuvintele mamei lui: „Eşti sigură că vrei să te măriţi cu el?" Şi încă cum! Bineînţeles că voiam să mă mărit cu el.

Mai târziu am înţeles că nu-mi dădeam deloc bine seama ce înseamnă să fii măritată cu un asemenea om. Trebuie să recunosc că era un soţ grozav: gătea, spăla, făcea curat cu bucurie, mergea la magazin, mă ocrotea ca pe un copil mic. Devenind însă soţul meu, nu a încetat a fi „sufletul tuturor petrecerilor", pe când eu voiam ca el să fie doar al meu, voiam un cămin confortabil, voiam copii. Seara îl aşteptam tot timpul de la petreceri şi întâlniri cu prietenii, plângeam şi mă frământam din pricina gândului că merit ceva mai bun. Au urmat certuri îndelungi, cu lacrimi şi cu pretenții din partea mea ca el s-o termine cu stilul de viață dinainte. El nu se opunea, spunea că pentru mine o să facă totul.

Au trecut așa trei ani – trei ani de lacrimi și frământări, o sarcină nereușită. Într-o bună zi, nu l-am mai așteptat: mi-am adunat lucrurile și am plecat. Au urmat reproșuri din partea rudelor lui, acuzații din partea mamei lui, insistențe din partea lui să mă întorc și promisiuni că vom începe o viață nouă. Eu nu voiam să mă întorc, nu mai voiam deja nimic, și nu m-am întors. A urmat procedura de divorț, care m-a aruncat în depresie prin faptul că nimănui nu-i păsa de tragedia familiei noastre: o femeie dură, fără să arunce măcar o privire, a semnat actul de divorț, și uite că nu mai suntem soț și soție, suntem doi străini...

La început, mă delectam de libertatea mea, dar după scurtă vreme mi-am dat seama că atunci când văd în magazine secția de îmbrăcăminte bărbătească mi se strânge inima. Mă uitam la pantofii, la cravatele și la cămășile bărbătești, și mă gândeam cu tristețe că nu am pentru cine să cumpăr toate lucrurile astea, cu toate că îmi doresc foarte tare. Voiam atât de mult să am grijă de cineva, să mă îngrijorez pentru cineva, să mă grăbesc către cineva după ce termin lucrul – să mă grăbesc nu așa, la o întâlnire, ci la familia mea, acasă. Atunci am hotărât că vreau foarte tare să mă mărit. Și n-are decât să fie șchiop, n-are decât să fie ciupit de vărsat, numai să nu bea și să n-aibă alte obiceiuri dăunătoare.

Și l-am găsit. Nu bea, nu fuma, nu era ciupit de vărsat și nici șchiop, ba chiar foarte atrăgător; în fiecare zi venea la mine cu flori și dădea dovadă de atenție și grijă în fel și chip. Am început să trăim împreună, și nu după mult timp ne-am căsătorit. Acum s-ar fi părut că visele mele se împlinesc: aveam o familie, aveam cui să împletesc pulovere și fulare, cui să gătesc mâncare gustoasă.

S-a dovedit însă, absolut pe neașteptate, că pe lângă „obiceiurile dăunătoare" bărbații mai au și altele... De exemplu, că nu le place să-și schimbe ciorapii, ci încearcă să îi ascundă în locuri unde nimeni nu o să afle comoara lor; pot să scormonească cu o mină dezgustată în farfurie, dând la o parte ceapa și morcovul; pot să aranjeze lucrurile după principii cunoscute numai de ei și să urmărească vigilent ca nu cumva să le mute cineva din loc; pot să refuze să aibă de-a face cu prietenii tăi și, în general, să-ți împărtășească interesele. Lista poate continua la nesfârșit, și chiar dacă vouă anumite puncte vi se vor părea fleacuri, pentru mine toate astea alcătuiau o tragedie...

Atunci mi-a „picat fisa" că în viață nu există idealuri și că dacă în acel moment nu voi rezista, ci o voi rupe cu acel om, mă așteaptă iarăși fie singurătatea chinuitoare și „incursiunile" melancolice prin magazine, fie un alt bărbat, dar cu apucături noi. Atunci am început să mă gândesc că există o predestinare în viața omului. Trebuie spus că amândoi soții mei purtau același nume, amândoi aveau surori mai mici cu același nume, părinții lor trăiau în apartamente identice, cu același număr. Bineînțeles, erau niște coincidențe, dar ele m-au făcut să mă gândesc că de soartă nu poți să fugi și că trebuie să mă resemnez și să îmi construiesc singură fericirea, cum se spune, „din ce a fost".

După ce am analizat tot ce îmi place și tot ce nu-mi place la soțul meu, am înțeles cu mare mirare că în el părțile bune sunt, totuși, mult mai mari, iar cu multe dintre lucrurile care mă iritau pot, totuși, să mă împac. Și a început lupta cu mine însămi – anume cu mine însămi! I-am împărtășit pasiunile și interesele, am început să-i aranjez lucrurile așa cum îi place lui, să gătesc pe gustul lui. Nu pot spune că-mi venea ușor, dar la acel moment ni se născuse deja o fiică, iar felul în care m-a ocrotit în timpul sarcinii și grija cu care o înconjura pe fetița noastră mi-au „luat cu mâna" toate suferințele. Mașini de spălat automate nu erau pe atunci, scutecele nu se uscau, și soțul meu usca noaptea un munte de scutece cu fierul de călcat, se scula mereu la fetiță, iar dimineața mergea la muncă. După aceea au venit imediat anii perestroikăi, cu salariile neplătite și vremurile de foamete. Soțul meu a făcut totul ca noi să simțim cât mai puțin aceste greutăți. Se înhăma la orice muncă, fugea prin oraș căutând mâncare, stătea ore întregi la coadă la alimente pentru copii.

Nici nu pot să-mi închipui că a fost o vreme când eram gata să nu mai rabd și voiam să divorțez de omul acesta. Nu că aș fi păstrat ani îndelungați sentimentul de recunoștință care m-a inundat la un moment dat, dar mă străduiam să închid ochii la cele rele și să văd numai cele bune.

Și știți ce este interesant? Îndată ce mă împăcam, călcându-mi pe inimă, cu o apucătură incomodă pentru mine a soțului, după o vreme o lăsa chiar el baltă. Asta, mi se pare, arată că toate încercările pe care ni le trimite Dumnezeu trebuiesc străbătute, nu evitate.

O dovadă este și faptul că pe soțul meu a început să-l atragă băutura. Atunci când ne-am cunoscut, nu punea strop de alcool în gură, era absolut indiferent față de băutură – însă înțeleg că aceasta este încercarea de care am fugit în tinerețe și că dacă voi încerca iarăși să o evit mă voi întoarce acolo de unde am plecat...

În anul următor se vor împlini 20 de ani de când ne-am căsătorit. Fiica noastră este deja adultă, și când mă gândesc la anii care au trecut, găsesc tot mai puține zile rele, nefericite, și răsar în amintire numai cele de fericire. Și acum ne mai putem ciondăni, și cred că vom mai „încrucișa lăncile" nu o dată, însă știu că acesta este soțul MEU, aceasta este viața MEA, aceasta este familia MEA și nu am unde fugi de ea.

În ciuda faptului că sunt mulțumită de felul cum a decurs viața mea, de-a lungul a toți acești ani îmi aduc aminte de primul soț. Nu am reproșuri să-i fac, ci am un sentiment de părere de rău, de vinovăție față de el. Apăsător sentiment...

Greșeala multor tinere perechi este următoarea: ele sunt convinse că sunt făcute pentru fericire și dragoste, și nu înțeleg că fericirea familială trebuie să și-o creeze, să o adune firimitură cu firimitură, că fericirea noastră este lucrul mâinilor noastre, minților noastre, inimilor noastre. Acesta este un mare efort, care aduce o satisfacție enormă. (*Elena, 43 de ani*)

# I-am dat drumul soțului

De regulă, femeia este mai rezistentă și mai puternică spiritual decât bărbatul, deoarece instinctul matern îi dictează regulile sale: „Copiii trebuie crescuți cu orice preț!" Mi se pare că soțul ne este „atașat" pentru educarea noastră și a lui. Fiecare situație neplăcută ne obligă să medităm mult pe tema: „Pentru ce trăim? Pentru ce trebuie să tragem de această povară insuportabilă?!" Meditând, găsim adevărul, iar când îl găsim devenim mai bogați spiritual și mai îngăduitori cu neajunsurile altuia – și tocmai asta înseamnă să te dezvolți! Oamenii nu trebuie să fie animale și să trăiască mânați de instinctele animalice.

Soțul meu bea înainte de căsătorie, în vremea căsătoriei și după divorț. Scopul meu nu este însă cel de a acuza soarta și pe noi doi pentru faptul că unul sau altul a greșit, că n-am fost în stare să păstrăm ceea ce a fost frumos între noi. Aș vrea foarte mult ca femeile care sunt apăsate de o asemenea nenorocire să înțeleagă că fiecare situație ne este dată de Dumnezeu.

M-am măritat la 18 ani; trăiam pe atunci în regiunea Vologdei, însă am plecat la rude, în Vilnius. Acolo ne-am întâlnit, ne-am plăcut, și la sfârșitul vacanței, după ce mi-a expirat viza de Lituania, a trebuit să plec. După două luni am aflat că aștept un copil, și după o jumătate de an ne-am căsătorit.

Am locuit la părinții lui; s-a născut într-o familie înstărită, dar, după cât se vede, asta i-a fost o piedică. Soțul meu avea pe atunci deja 23 de ani, și avea dreptul să facă ce vrea cu viața lui. Eu m-am trezit ca în închisoare: nu tu casă, nu tu cetățenie, nu tu studii, nici măcar limba nu o știam. Iar soțul meu considera că nici așa nu o duc rău cu părinții lui, că ei se poartă foarte bine cu mine. Bea, dispărea de acasă. Atunci a și început întregul coșmar al vieții de familie, pe care mai apoi l-am numit „experiență de viață". Fetița era mică, îi făcusem cetățenie lituaniană. Așadar, îmi rămăseseră două ieșiri: una – să mă spânzur (însă pe aceasta n-am luat-o în calcul, fiind ortodoxă și educată în duhul credinței), iar cealaltă – să strâng din dinți, să rabd, așteptând ca vremea să arate ce să fac cu viața mea.

De-a lungul celor 12 ani de căsnicie, de la un cap la altul, soțul meu a băut, și de o mie de ori am încercat să-l ajut (cu toate că eu însămi eram foarte slabă și în plan material, și în plan moral). Îmi știa oarecum de frică, dar tot trăgea la măsea pe furiș și fugea de acasă ca de foc – însă nu vreau să vărs asupra cititorilor apăsarea și întunecimea celor întâmplate atunci. Toată problema multor femei, și de altfel a multor bărbați, constă în aceea că divorțând oamenii nu numai că nu pot întreține relații normale din cauza resentimentelor și a altor amintiri, ci încep în majoritatea cazurilor să se răzbune și să „pedepsească" partea vinovată.

Au fost scandaluri, reproșuri, lacrimi ș.a.m.d. În Lituania, cu munca pe atunci, ca de altfel și acum, era problematic. M-am angajat croitoreasă, primeam un salariu de mizerie, nu-mi ajungea nici măcar să plătesc transportul și să-mi cumpăr ceva de mâncare la lucru.

M-am hotărât să mă dezvolt spiritual și intelectual. M-au ajutat mult părinții mănăstirii Sfântului Duh de aici, din Vilnius. Aceștia m-au sprijinit moral și mi-au explicat cauzele și consecințele vieții pe care am dus-o, lucru pentru care le port o recunoștință nemărginită. M-am dus la bursa locurilor de muncă (fără să vorbesc lituaniană) și am fost trimisă să fac școala de bucătari, unde primeam bursă și puteam să mănânc atunci când făceam practică.

În tot acest răstimp, soțul meu trăia în lumea lui, cu prietenii lui. Am încercat să-l învăț noțiunile elementare de viață ortodoxă, i-am botezat pe el și pe fiica noastră, dar nu prea voia să asculte povețele călugărilor.

Lucram ba femeie de serviciu, ba cusătoreasă, ba bucătăreasă. La un moment dat am putut să intru la universitate în cadrul unui program, o mare parte din taxă fiind plătită de statul rus. Am hotărât atunci că acesta este ultimul meu tren spre o viață normală. Învățam la seral, ziua munceam, fiica creștea, pe când soțul meu bea întruna.

A apărut posibilitatea să plecăm amândoi la muncă în Occident, însă pe el nu îl interesa nimic. S-a ivit apoi altă posibilitate, să plecăm la Kaliningrad, însă nu a fost de acord nici cu asta. În cele din urmă, felul lui de viață l-a pus în legătură cu actuala lui femeie, care acceptă modul lui de viață și e bucuroasă că, de bine, de rău, o întreține.

Am intentat divorț, întrucât soțul meu și prietena lui începuseră să vină la noi acasă, lucru văzut de fiica noastră, care după aceea nici nu mai vrea să știe ce face tatăl ei, dacă e viu sau nu. Pe umerii mei apăsa grija fiicei (era pe atunci adolescentă). I-am explicat că trebuie să ierte și să înțeleagă și că viața nu se sfârșește cu asta, că el rămâne totuși tatăl ei.

Am rămas singură, săracă lipită pământului, cu un copil de 12 ani în brațe, singurul meu bagaj fiind studiile, fiica adolescentă și experiența de viață dobândită în timpul căsniciei.

Cât ar fi de ciudat, i-am „dat drumul" soțului meu și i-am luat „cârjele" pe care în ultimii ani se sprijinise fără să fie nevoie! Țin foarte mult la el și nu mi-a fost ușor să fac această alegere, însă a trebuit s-o fac – tot pentru ca el să se dezvolte, să înțeleagă ce am însemnat unul pentru celălalt. Cel mai greu în asemenea situații e să nu divorțezi și nici măcar să nu-l lași la cealaltă femeie, care e mai prejos decât tine din toate punctele de vedere; principalul este să nu te superi, ci să ajuți atunci când este nevoie și să te strădui să-l aduci înapoi și să salvezi familia. De ce? Pentru că Domnul îi însoțește pe anumiți oameni pentru ca ei să trăiască unul cu celălalt mai bine decât cu oricine altcineva, și viața mea personală de după divorț a arătat limpede acest lucru. „Prima căsătorie e de la Dumnezeu, a doua – de la oameni, pe când a treia – de la draci", spunea bunica mea, și numai după 30 de ani am putut să o înțeleg.

Acum sunt în divorț cam de un an. Mă strădui să-l ajut pe fostul meu soț cu ce pot, însă de acum nu ca soție, care e „proprietar" și fără să vrea, ci ca prieten apropiat, ca om cu care a împărțit cândva patul, mâncarea, bucuria și întristarea.

După ce a trecut un timp, soțul meu a înțeles că nimeni nu i-a fost mai drag vreodată și nici nu o să-i mai fie (acestea sunt propriile lui cuvinte). Prietenii i-au întors definitiv spatele, întrucât duce o viață asocială. Eu mă strădui cum pot să repar relațiile dintre fiica mea și el, întrucât aceasta are propriul punct de vedere asupra celor petrecute. În general, am înțeles amândoi că ne iubeam cum n-am iubit pe nimeni și că am fi putut să răbdăm totul și să nu ne învinuim reciproc pentru toate greșelile! „Paharul" însă a fost spart, și pe cioburile lui am rămas foarte buni prieteni, și în pofida a tot ce s-a întâmplat soțul mă ajută material atunci când poate, iar eu îl ajut moral (fiecare cu ce are celălalt mai mare nevoie).

Acum, soțul meu a rămas și fără loc de muncă, și fără sănătate, este mereu frânt; în general, o poveste tristă... Eu lucrez ca manager într-o mică firmă din Vilnius, trăiesc la apartament, îmi cresc fiica.

Acum am luat hotărârea să-l duc să se trateze de boala sa, să-l pun pe picioare și să îl fac să înceapă o viață normală. În viața personală totul îmi merge bine. Omul pe care îl am alături o respectă pe fiica mea, sunt prieteni și găsesc un limbaj comun. El mă înțelege și mă susține – iar în continuare... e o altă poveste!

Eu aș vrea ca oamenii, atunci când se despart, să poată înțelege că în viață se întâmplă tot felul de lucruri și că dacă fiecare dintre noi ar avea mai puțin orgoliu am avea ceea ce vrem. Este foarte dificil să ierți și să ceri tu însuți iertare – or, este neapărată nevoie de lucrul acesta dacă vrem o șansă cât de mică de a salva familia! *(Olga, 31 de ani)*

# Infidelitatea este o boală

Când am cunoscut-o pe soția mea, era divorțată și avea un fiu – Anton, în vârstă de trei ani. Am început să trăim împreună de Anul Nou; despre căsnicie creștină nici nu încăpea vorbă, nici unul dintre noi nu avea vreo idee de ceea ce înseamnă asta. Eu aveam 26 de ani, ea avea 23. Tania a fost prima mea femeie, și a rămas singura timp de 12 ani. Pe 28 decembrie ni s-a născut, la șapte luni, micuța Marina; era în ajun de Anul Nou, și moașele, după ce au asistat seara nașterea, au plecat să petreacă. După două ore s-au întors și, privind la fiica noastră, au spus cu surprindere: „Ia uite, încă mai trăiește, hai s-o reanimăm!" În răstimpul acela de două ore, lipsa oxigenului indispensabil din alveolele pulmonare nedeschise și-a făcut efectul distrugător, și o parte din celulele creierului au murit. Rezultatul: la zece luni i s-a pus diagnosticul de paralizie cerebrală infantilă.

A început lupta cu această boală, care în principiu e incurabilă; am încercat toate metodele accesibile pe atunci. Soția și fiica mea lipseau câte două-trei luni de acasă; eu le vizitam în măsura posibilităților. Trăiam modest, dar în bună înțelegere. A început perestroika; lucram numai eu, nu primeam salariul întotdeauna, a fost o vreme când coceam singuri pâine, dar eram fericiți! Pe 21 mai 1999 ni s-a născut a doua fiică, Arișenka.

Am găsit un nou loc de muncă, într-o companie de asigurări; sunt inginer programator, și până în ziua de astăzi lucrez acolo ca administrator de sistem. La prânz fugeam prin magazine, cumpărând alimente și lucruri necesare în gospodărie, lucru care nu a rămas neobservat de colegele „grijulii". Sărbătorirea noului an 2001 la petrecerea corporativă s-a încheiat prin aceea că am făcut cunoștință cu o femeie dintr-o companie de la același etaj. Și a început... Acum știu cum să scap de ispită, însă atunci totul era ca în ceață, și nici nu mă pricep să ascund ceva.

După câteva luni mi-am înșelat soția. Aceasta este cu adevărat o boală, o întunecare a minții; mă sfâșiam între familie și amantă, care se străduia din răsputeri să mă rupă de familie. Atunci Taniușa mea s-a luptat pentru mine, și eu, înțelegând toată grozăvia situației, i-am ieșit în întâmpinare, și împreună am reușit să salvăm familia. Tania mi-a propus să ne cununăm, însă eu am avut o atitudine sceptică și am spus că nu sunt pregătit pentru asta. M-am apucat să aranjez casa, am făcut singur mobilă pentru bucătărie; fugeam bucuros de la muncă acasă cu sacoșele pline, la fel ca înainte. După doi ani, Tania a spus că m-a iertat, dar eu am simțit că între noi s-a creat o fisură. Ea a început să lucreze ca maseur particular de copii, a început să câștige frumos și să-mi reproșeze că aduc prea puțini bani în casă. A început să-și aducă aminte că am înșelat-o, să spună că nu-i acord suficientă atenție. M-am angajat la încă o firmă ca paznic de noapte și depanator de calculatoare. Soția părea că s-a liniștit. La firma aceea, trebuie să vă spun, era saună, veneau tot felul de oameni, făceau chefuri, beții și așa mai departe; eu însă mă țineam tare, că-mi ajunseseră cele șase luni de nebunie. La sfârșitul anului 2005, firma s-a mutat în alt sediu, și am rămas fără al doilea loc de muncă. Din partea soției au început iarăși nemulțumirile financiare; mi-a propus să renunț la serviciu și să caut ceva mai bun. Am încercat, dar un salariu mai convenabil era foarte greu de găsit (pentru orașul nostru, zece mii de ruble[1], cât câștigam, nu este deloc un salariu rău).

Fiica cea mare a devenit sportivă, este maestru al sportului la înot, trebuia să intre în selecționata paralimpică. Este deja mare, dar la vârsta de trecere... Fiul a început să fure lucruri de acasă și să bea, s-a lăsat de școală, l-au luat în armată, dar după o jumătate de an l-au declarat inapt și l-au lăsat la vatră. Acum trăiește la părinții Taniei, și Tania nu vorbește, practic, cu el...

Ei bine, în vara aceea, când soția a plecat la sanatoriu cu fetele pentru trei săptămâni, am avut un roman prin sms, mai bine zis o tâmpenie prin sms, cu o colegă în vârstă de 20 de ani. Eram măgulit de faptul că o tânără drăguță îmi dă atenție, că o interesează scrisorile mele electronice și că o ajut să-și rezolve problemele de viață, dar nu mai mult. Mesajele au continuat să vină și în prezența soției; la început mă fofilam cu câte o glumă, dar pe urmă am mărturisit tot. Poate că așteptam ajutor din partea Taniușei, însă a ieșit chiar pe dos; soția și fiica au început să-mi verifice telefonul mobil. În relațiile dintre noi s-a format un vid, și iată că la sfârșitul lui august mi-am ieșit din fire (la beție) și m-am mutat la mama. După o săptămână am hotărât

[1] Aproximativ 1000 lei *(n. tr.)*.

să mă întorc și să încep o viață nouă, însă răspunsul soției m-a lăsat pur și simplu mască: „Ei, uite că nouă ne este bine fără tine, și nu mai avem nevoie să fii cu noi”...

Am suferit un șoc, și totodată am conștientizat faptul că am pierdut tot ce aveam mai scump, că într-o clipă s-a întors totul cu susul în jos, însă aveam senzația că asta nu se întâmplă cu mine, că așa ceva pur și simplu nu se poate. Din păcate însă... Nu îmi aduc aminte cum m-am întors la mama. În noaptea aceea nu am putut să dorm; mă simțeam gol pe dinăuntru și nu mai voiam să trăiesc. Etajul al șaptelea, câteva secunde de cădere și gata... Deja vedeam în fața ochilor cum soția înlăcrimată și copiii speriați iau parte la înmormântarea mea. Nu îmi era frică, dar, slavă Domnului, am înțeles că asta nu este o ieșire, că pentru toți ar fi doar mai rău pe urmă. Țânțarii mă mușcau fără milă, însă eu nu dădeam atenție; în capul meu au început să ia naștere rime, și am scris primele mele versuri. Mai apoi, această ocupație m-a ajutat să fac față stresului intens prin care am trecut; chiar am făcut o cărticică pe calculator, pe care am dedicat-o soției și familiei mele.

Asta a fost însă mai târziu; în momentul acela am început eforturi intense pentru a mă întoarce în familie. Mi se părea că trăiesc o aberație care va lua sfârșit dintr-o clipă în alta, dar soția mea era neclintită; plângeam și mă târam la picioarele ei, o imploram să mă ierte și să mă lase să mă întorc acasă, promiteam că o să îndeplinesc toate treburile și obligațiile casnice... în general, era o priveliște jalnică. Am început să-mi acopăr soția cu flori și cu cadouri, îi scriam versuri, îi scriam scrisori, încercam să vorbesc cu ea, însă ea spunea sus și tare că totul s-a terminat, că nu mă mai iubește și nu mai are încredere în mine. Mă privea cu ochi străini și goi și nu voia să aibă de-a face cu mine. Cu cât îi arătam mai multă grijă și atenție, cu atât se purta mai urât cu mine – și dacă la început spunea că nu are nevoie să se despartă, pe urmă a intentat divorț. Toți cei din jur îi spuneau Taniușei că nu are dreptate, că eu chiar m-am schimbat radical și că trebuie să salveze familia, însă ea hotărâse deja totul. „N-are decât să-mi reproșeze lumea că am lipsit copiii de tată: e mai bine decât să trăiesc cu tine" – iată verdictul ei. Și copiii se purtau rece cu mine, luând exemplu de la atitudinea mamei lor, și evitau contactele. Viața îmi devenise cu totul insuportabilă, mă durea mereu sufletul, capul era plin de speranțe și de gândul: „Ce aș mai putea face?"

Nu stăteam cu mâinile în sân. Un prieten m-a dus la biserică, lucru pentru care îi sunt foarte recunoscător. Cu toate că eram botezat, la biserică nu mergeam, rugăciuni nu știam. Acum am văzut lumina; rugăciunile m-au ajutat foarte mult în clipele de totală deznădejde; mi-am reevaluat toată viața, am înțeles care sunt valorile adevărate, mi-am dat seama de greșelile pe care le-am făcut. Am înțeles și m-am îngrozit de păcatul pe care îl săvârșisem; m-am pregătit de Sfânta Împărtășanie, după care mi-a devenit mult mai ușor să trăiesc și viața mea a căpătat un nou sens. Am simțit că îmi lipsește informația cu privire la toate problemele vitale, și am început să citesc pe nerăsuflate cărți duhovnicești despre familie și căsnicie. Totul era interesant și peste tot am găsit lucruri folositoare.

Slavă Domnului că în prima perioadă, care a fost cea mai grea, nu m-am apucat de băut, ci, dimpotrivă, am terminat-o de tot cu băutura, înțelegând și cunoscând din proprie experiență că toate necazurile încep de aici... Avea dreptate tata, care refuza să bea, zicând: „Eu nu beau fără nevasta mea!” Doamne, de ce n-am știut eu toate lucrurile care acum mi se par evidente: cum să te lupți cu păcatul, cum să iubești și cum să te porți cu soția, cum să trăiești în duhovnicie?! Da, încercările îi sunt date omului spre binele lui și după puterile lui, și fiecare doar își alege calea: alege să se lupte și să se schimbe, să devină mai bun, să scape de păcat, să dobândească virtuți, ori să se lase păgubaș și să continue să trăiască „la fel ca toți”, fără să se gândească ce greșeli a făcut în viață. Domnul le dă tuturor dreptul de a alege și le dorește tuturor binele.

Au trecut deja șapte luni în afara familiei; am făcut între timp o mulțime de lucruri – poate că multe dintre ele au fost greșite sau inutile, timpul o să arate. Eu m-am luptat însă pentru salvarea familiei mele, și nici acum nu mă dau bătut; în mine trăiește credința neclintită că totul o să fie bine! Sunt recunoscător sorții, Domnului, pentru ceea ce s-a întâmplat, pentru oamenii care au fost alături de mine în aceste momente grele... Uite că chiar înainte de divorț am reușit să-mi conving soția că trebuie să ne despărțim omenește, și după două luni în care nu am comunicat deloc ne-am întâlnit și am stat de vorbă vreo trei ore, liniștit și constructiv, despre fetele noastre și despre felul în care o să decurgă viața noastră în continuare. Cu toate că nu am fost de acord, tot ne-au divorțat. În toate este voia lui Dumnezeu: așadar, trebuie să trec și prin asta... Soția mea a început să se poarte cald cu mine, și cu copiii au avut loc imediat transformări pozitive: au început să tragă la mine, comunicăm excelent și avem multe planuri de viitor. Viața merge mai departe, și ea este minunată – trebuie doar să ne dăm silința să ne schimbăm, pentru că fericirea e în mâna noastră, așadar totul o să fie bine!!!

În încheiere, iată câteva sfaturi întemeiate pe experiența mea.

1. Orice încercări te-ar lovi, nu te da bătut, luptă-te; principalul este să nu te apuci de băut și să nu decazi.

2. Nu trebuie să implori pe nimeni și nu trebuie să te înjosești.

3. Nu face cadouri scumpe.

4. Nu cere ajutorul prietenelor soției.

5. Străduiește-te să te schimbi, să crești lăuntric și să-i ajuți pe ceilalți.

6. Desparte-te cu frumosul, lăsând loc de bună ziua.

7. Iartă și dă-i drumul cu dragoste și cu recunoștință omului pe care îl iubești. „A greși este omenesc, a ierta e dumnezeiesc."

8. Pe cât îți stă în putere, fii alături de familia ta; principalul sunt copiii, pentru ei merită să trăiești.

9. Trăiește și bucură-te de fiecare zi, amintindu-ți că trecutul nu este viitor și că el nu trebuie să se repete neapărat...

Tuturor le doresc fericire și dragoste! Dumnezeu să vă ocrotească! *(Stanislav, 44 de ani)*

# Minunea iertării infidelității conjugale

Și pe mine m-a părăsit soțul, când eram în luna a cincea de sarcină cu al treilea copil. O jumătate de an a trăit separat – s-a îndrăgostit de alta, spunea. După aceea s-a întors totuși – nefericit, nebărbierit, ca un câine bătut. Am „avut noroc": „ea" nu îl iubea, ci doar se folosea de el.

Partea cea mai gravă a început însă când s-a întors. Nu a stat în genunchi, nu a cerut iertare, ci pur și simplu aștepta să îl primesc așa cum este. Nici năravurile nu și le-a schimbat cine știe ce: serile continua să bea, dispărea cu prietenii vreme îndelungată... dar susținea că mă iubește. Când trăia cu „ea", îmi scria asta deseori... Păi sigur, pe de o parte nevasta „moale și pufoasă". „Te iubesc." Pe de alta Ea, sarcastica și antipatica, inaccesibila și dorita. Și acesteia tot „te iubesc".

Îmi ieșeam din minți: sunt din fire o mare egocentrică, dintotdeauna mi-am dorit să fiu unică și irepetabilă. Totuși, erau copiii la mijloc... Își iubesc tatăl la nebunie, și când încercam să-l dau pe ușă afară (când venea beat nu se știe de unde), fiica mea tăbăra pe mine: „Mamă, cum poți să îl alungi pe tata?!", și plângea. Înțelegeți și voi că mi se rupea inima.

Ei bine, după ce m-am chinuit cât m-am chinuit, am inventat o rugăciunică proprie, a cărei esență e următoarea: „Doamne, eu sunt atât de proastă că nu pot să înțeleg cum să-l iert, cum să fiu iarăși fericită cu el – căci dacă nu îl iert n-o să iasă nimic! Iar dacă-l las, le stric viața tuturor – și lui, și copiilor..."

Vă dați seama că iertarea și înțelegerea nu mi-au venit așa, dintr-o dată. Există, bineînțeles, un lanț de întâmplări, de reflecții care au dus la asta. Dacă este, totuși, s-o spun de-a dreptul, este vorba pur și simplu de o minune. A ierta este o minune! Înainte nu eram în stare de asta, adunam în mine tot necazul pe care îl aveam pe el, și uite că a mers! A fi în stare să trăiești fericit după ce unul dintre soți (sau amândoi) a înșelat este o minune! A dori fericire celui care ți-a „distrus" viața este tot o minune! Dar tocmai minunile acestea, pe care cei din jur nu le bagă de seamă, sunt neprețuite!

Probabil că despre mine se spune: „N-are destulă voință ca să îl lase, și de altfel nici n-are unde să se ducă cu trei copii." Pentru mine, faptul că nu dau atenție acestor bârfe este tot o minune. Simt că viața e plină de minuni.

Acum, soțul meu s-a schimbat atât de mult, că nu-l recunosc. A devenit altul. Știu că în această lume nu este nimic garantat, că până și omul cel mai de nădejde te poate dezamăgi. Poate că și eu sunt în stare de asta, cu toate că vreau să-i fiu credincioasă și să trăiesc cu el până la moarte. Mă voi ruga și voi crede că Domnul nu ne va lăsa, orice s-ar întâmpla.

Și vouă vă doresc să fiți fericiți, oricât v-ar fi de greu!

Nu vă temeți de nimic, ci credeți. Nu am fost învățați să iertăm – însă ceea ce este cu neputință la oameni este cu putință la Dumnezeu. *(Ana, 28 de ani)*

# Trecând prin moarte

Eu, Korol'kova Elena Sergheevna, mamă a doi copii, inginer de profesie, la vârsta de 41 de ani, pe data de 15 ianuarie 2005, m-am aruncat pe fereastră.

Dacă îți este rău de-ți vine să urli,
Dacă pentru tine viața și-a pierdut rostul
Și nu vezi nici o ieșire,
Citește mărturisirea mea.

Poate că experiența mea amară te va ajuta să faci față situației și să privești viața altfel.

## *1. Autodistrugerea*

Când asupra noastră se abat necazurile, începem să căutăm cauza, și în cele din urmă ajungem la concluzia: „Sunt un ratat, sunt rău, așa îmi trebuie, sunt un om nedemn." La început cârtești împotriva sorții: „De ce să mi se întâmple mie toate astea, că doar nu am făcut nimic grav?" După aceea, înțelegi că ești întru totul vinovat. Acesta este deja ultimul stadiu. Pe urmă, ești bătut și călcat în picioare iarăși, soțul îți strigă: „Ești un nimeni, orice proastă poate să nască copii, dar afaceri ai făcut?" Așa a fost în cazul meu.

Privindu-mă în oglindă, mă gândeam: „Da, ce nimic sunt, are dreptate, sunt o sărăntoacă fără loc de muncă." Deja nu mai vedeam ochii fetelor mele, care plângeau: „Mamă, mămico, te rog, nu plânge!" – și, punând deoparte banii pentru gustarea de la școală, mi-au cumpărat un iepure imens, roșcat, și au zis: „Acest prieten nu te va trăda niciodată."

Eu însă nu le auzeam. Fugeam, îmi căutam de muncă; m-am angajat spălătoare de vase într-un bar de noapte, unde mi-au și fost furați ultimii bani. Ei bine, acela a fost momentul când, ieșind absolut terminată de la serviciu, m-am uitat la o clădire neterminată de zece etaje și m-am gândit: „Uite acum mă sui și mă arunc. N-o să fie nici o problemă, că doar sunt o asemenea mizerabilă. Sunt un nimeni și nu am nume."

Probabil că bătrâna mea mamă a simțit asta, și am văzut-o fugind în întâmpinarea mea și țipând: „Lena, e deja ora șase dimineața, am venit să te întâmpin, că ți-o fi urât!"

Și am mers cu ea acasă, unde, după o aventură sexuală, sforăia cadențat soțul meu. Soț în acte, dar de fapt cine?..

Da, este greu de spus ce statut avea el de fapt. Soț – asta sună chiar oarecum patetic.

Am venit acasă cu mama; el zăcea în pat, plescăia din buze în somn și gemea ușor, zâmbind nu știu cui.

Nu aveam dorința de a-l omorî, de a-l nimici; înțelesesem că sunt un nimic și mă convingeam și mai mult de asta pe mine însămi.

Dacă s-ar fi trezit atunci și ar fi zis: „Lenusik, pur și simplu am glumit, tu ești o fată deșteaptă", nu l-aș mai fi crezut.

Pentru el era atât de bine și de grozav...

Am înțeles că el are dreptul de a trăi, de a fi fericit, pe când eu trebuie să curăț pământul de mine însămi, pentru că sunt prea multe nimicurile ca mine.

Uitându-mă la el cu atenție, am văzut că este pur și simplu oribil: fața întunecată, chelie, zbârcituri pe gât. Și el, tocmai el, mi-a hotărât soarta, explicându-mi amănunțit cine sunt eu de fapt și de ce nu trebuie să trăiesc.

Gândul că sunt întru totul vinovată îmi prinsese în cap rădăcini puternice. Pe copii nu îi auzeam, înțelegeam că nu sunt adaptați pentru viața asta, știam că nu vor supraviețui, că erau lipsiți de ocrotire din punct de vedere social. Și toate prietenele îmi întorseseră spatele – uite și piatra de încercare a prieteniei!

Dându-mi seama că-i educasem greșit pe copii, că sunt un om de nimic, pe care nu îl va angaja nimeni, fără un ban în buzunar, m-am pierdut cu totul.

Nu-mi rămăsese decât o singură speranță: că mă va ajuta un preot cunoscut. Acesta locuia în centrul de raion Sâciovka, dar ca să ajung la el îmi trebuiau bani.

M-am adresat „soțului", cerându-i cu împrumut bani de drum, la care el a răspuns: „Ce să faci tu cu banii? Pentru tine nu am bani. Stai acasă."

Totul se hotărâse. Nu mai auzeam deja pe nimeni. Inventam cu febrilitate mijloace de autodistrugere. Am cumpărat o seringă de zece grame, dar n-am putut să nimeresc vena; am luat o cutie de somnifere, însă m-am trezit...

„Soțul" meu se afla într-o stare de euforie: își dădea seama foarte bine ce se petrece. Cred că-i făcea plăcere faptul că o femeie frumoasă se sinucide. După o jumătate de an avea să-mi spună: „Ai vrut să-ți pui capăt zilelor din dragoste pentru mine, știu foarte bine asta."

Din păcate însă, lucrurile n-au stat așa: pur și simplu mă distrugeam moral, aruncam asupra mea toată responsabilitatea pentru cele ce se petreceau, iar el m-a ajutat din răsputeri să fac asta...

Mi-am pus, cum se spune, cruce și am sărit pe fereastră. Am ridicat mâinile, am făcut un salt în sus și, privind la cer – atât de albastru, atât de curat –, mi-am luat zborul în hău.

## *2. Nimic nu prevestea nenorocirea*

Omul nu trebuie să trăiască într-o lume imaginară, ci trebuie să își scoată măcar din când în când ochelarii roz și să se uite atent la oamenii care-l înconjoară și la semnele pe care i le arată viața.

Primăvara, înaintea întâmplărilor descrise aici, soțul meu îmi spusese: „Știi, am probleme cu potența, probabil din cauza computerelor; ca atare, nu o să mă mai pot culca cu tine." „Bineînțeles, înțeleg tot, în viață se întâmplă tot felul de lucruri, o să rabd, principalul e să creștem copiii, să-i facem mari."

Aveam încredere în el ca în mine însămi. Credeam că dacă eu nu pot să mint, nu poate nici omul de lângă mine.

După aceea, am avut o discuție, cum că n-ar strica să merg cu copiii să stăm vara la mama mea, ca să economisim bani. Bineînțeles că am fost de acord, era o hotărâre rațională din partea lui. Puteam, oare, să presupun motivul pentru care ne expedia de acasă?..

Vara este un anotimp uimitor, la țară este superb, fetele se hârjoneau la aer curat, se scăldau în râu. Odată, mezina mi-a cerut să poarte verigheta, și eu, bineînțeles, i-am dat-o. Scăldându-se în râu, a scăpat-o și nu a mai găsit-o:

uite așa s-a dus viața mea de familie, a luat-o apa. Poate că verigheta zace undeva sub un buștean vechi și îi e dor de stăpâna ei, sau poate că a înghițit-o un pește răpitor – acum nu mai are vreo importanță.

Semnul rău însă s-a împlinit.

Am mai ținut minte și un vis ciudat. Pe malul unui râu mergea „soțul" meu și își împingea în apă fiicele, iar ele începeau să se înece. Eu m-am aruncat în apa murdară și mă străduiam să le salvez, iar tatăl lor a aruncat peste ele un cearșaf alb, zicând: „Au murit deja, am fugit să vânez iepuri." În vis mă zbăteam în apă, străduindu-mă să le salvez, și m-am trezit. În suflet mi-a rămas un gust amar. Se spune că nu trebuie să crezi în vise, așadar, mi-am zis eu, este o simplă coincidență.

În viață însă, ceva mai târziu, s-a întâmplat exact așa.

Toamna. Probabil că în viața mea este cel mai rău dintre anotimpuri. Toamna m-am măritat, toamna „soțul" meu a intentat divorț.

A murit de cancer verișoara mea Lena, o femeie inteligentă și frumoasă, lăsându-și în grija soțului fetița mică și fiul de 16 ani. Aflând de moartea ei, ședeam și plângeam cu amar. „Soțul" meu, auzind vestea, a spus: „Toți sunteți niște ratați, de asta a și murit." Nici măcar nu am înțeles; nu voiam să înțeleg aceste cuvinte crude.

După câteva zile, am dus-o împreună la școală pe mezina noastră, și la întoarcere „soțul" mi-a spus: „În curând, viața mea se va schimba mult, mă așteaptă un mare pas înainte în carieră și mari transformări." „Păi, foarte bine!" El îmi povestea cum o să cumpere o mașină străină, cum o să-i crească salariul.

Când am ajuns acasă, a zis că se desparte de mine, că vrea să scape de noi. „De ce te grăbești, i-am zis, prietena ta e însărcinată? Katia trebuie să intre la universitate, iar Mașa – să termine școala de muzică. Asta o să le termine." „Nu am nici o prietenă, pur și simplu vreau să fiu liber, și n-am de gând să aștept un an."

Am căzut în genunchi înaintea lui, l-am implorat să nu ne părăsească, l-am rugat să ne dea o șansă.

Atunci a sărit în sus, nu l-au mai ținut nervii: „Tu ești un nimeni, ești o toantă, mă simt atras de tine cum mă simt atras de șifonierul ăsta vechi, de televizor..."

Eram în stare de șoc. Niciodată nu-l înșelasem. Le învățasem pe fete să fie bune. Peste mine s-a prăbușit o grindină de cuvinte din care am aflat cât de nepricopsită sunt, cum n-am reușit să-l fac să mă iubească, cum n-am fost în stare să fac afaceri.

„Uite farmaciștii, câștigă o mie la sută, pe când tu ești o sărăntoacă."

Mă uitam la el și plângeam cu amar. Nu înțelegeam cum poate să aprecieze în felul acesta viața, copiii. Nu puteam să pricep nicicum câte procente valorează copiii, destinele și viețile lor – probabil 0,00001%!

Doamne, pentru ce am meritat asta, pentru fidelitate, pentru devotament? Copiii noștri învățau bine, erau buni și își iubeau tatăl.

Ascultam revelațiile acestuia despre mine, despre copii. Despre amantă n-a suflat însă nici o vorbă.

Și uite așa, a înaintat acțiune de divorț. Mai târziu aveam să găsesc în agenda lui ciorna acțiunii de divorț: nu numai că nu își amintea data când ne-am căsătorit, nici măcar n-a menționat-o pe fiica cea mare! O ștersese deja din viața lui.

Cât de cumplit este să te simți pârât la tribunal... Nu furasem, nu omorâsem, nici măcar nu înșelasem vreodată pe cineva. Verdictul lui: la tribunal. Pentru ce, cu ce am greșit? Am leșinat. El m-a trezit lovindu-mă peste față. Am șoptit: „Nu-ți pare rău de noi?" „Îmi pare, dar n-am ce face." S-a suit în mașină și a plecat.

Trăgeam atâta nădejde că o să-și vină în fire și o să retragă acțiunea de divorț...

Dar uite că înainte de Anul Nou a venit acasă fericit, a dat fuga în cameră și mi-a adus un plic sigilat: întinzându-mi-l, zâmbea.

I-am zâmbit, prostește, la rândul meu, și am desfăcut plicul. Acolo scria: „Cetățeană Șașkina, sunteți obligată să vă prezentați la tribunal pe data de..."

Am izbucnit într-un plâns amar. El s-a așezat lângă mine și a șoptit: „Ce, ai atâta nevoie de bărbat, a?"

Și iarăși am încercat să mă înșel singură: am hotărât că a obosit și l-am trimis în Egipt să se odihnească. A plecat împreună cu fiica cea mare. Aceasta a fost o nouă greșeală din partea mea.

Micuța Mașa, având cunoștințe tehnice, a început să caute o piesă pentru computer. A dat peste o cartelă SIM de telefon mobil și a băgat-o în telefonul său.

„Mămico, mama, am găsit-o pe prietena lui tata! Uite telefonul ei!"

Era trecută în lista de contact ca „Puiuța". Ei, atunci m-am speriat că am trimis fata cu el în Egipt. Am înțeles, în sfârșit, că treaba ia o întorsătură serioasă. Am hotărât să verific agenda, unde erau trecute telefonul ei și locul de muncă – director general al unei firme farmaceutice.

Iată de unde venea admirația servilă față de firmele farmaceutice.

M-am temut pentru viața fiicei mele.

Așa că am format numărul. La celălalt capăt al legăturii, un glas speriat a piuit: „Alo, vă ascult!" „Dacă se întâmplă ceva cu fiica mea, o să răspunzi tu!" Nici măcar nu m-am prezentat – după cât se vede, numărul nostru de telefon îi era cunoscut până la durerea de inimă!

Am început să sun în Egipt. Ciudat, dar legătura s-a făcut, și am putut, împreună cu fiica mea, să aud ce se petrecea acolo.

Ghenadie turba: „Nenorocito, cum ai putut să te bagi în telefonul meu, de ce i-ai zis mamei??" Am auzit cum o bătea.

În acel moment nervii mei au cedat. Am sunat la Ministerul de externe, apoi la consulatul din Cairo.

În timpul nopții i-am adunat lucrurile și le-am dus la lift. I-am rupt din buletin pagina unde era înscrisă starea civilă: l-am divorțat repede și ușor, a devenit liber fără proces.

Dimineața l-am sunat pe telefonul mobil și l-am întrebat: „Unde este Katia?" „N-o s-o mai vezi, ține companie peștilor."

M-a apucat o jale cumplită. Ce puteam eu să fac și ce putea să facă un nebun... Speram că doar își bate joc de mine, dar am rămas cu îndoiala în suflet.

Am sunat iar la iubita lui. A ridicat receptorul un bărbat, și am început să țip: „Cheam-o pe târfă!"; acela a chemat-o. Am început să strig că o termin cu mâinile mele dacă se întâmplă ceva cu fiica mea.

Orice mamă își poate imagina în ce stare eram.

Cum n-am murit nu știu, însă Katia m-a sunat: „Mămico, sunt deja în Moscova!"

Aici s-a amestecat mama mea, care a început să-i care lucrurile înapoi în casă. „Să nu îndrăzniți!", am strigat.

Ştiu foarte bine că dacă nu l-aş mai fi lăsat să trecă pragul casei, nu aş fi ajuns la tentativă de suicid.

Şi iată că, dând buzna în casă, a început să umble de colo-colo, ţipând că i-am furat o mie de dolari, după care, ca un nebun, a început să încuie uşile. „Acum o să vină să-i împuşte pe copii, din cauza ta. Ai deranjat o asemenea femeie nemaipomenită, cu opt apartamente, bogată, influentă." „O iubeşti?" „Nu ştiu, dar are firmă. Bărbatul ei e un urât, chel şi gras."

M-am uitat cu atenţie la corpul lui puhav, la burta care atârna şi la chelie. Da, nu sunt în stare oamenii să-şi vadă defectele – probabil, asta este o fericire.

S-a dovedit a fi un laş, nici măcar n-a putut să recunoască cinstit că are o relaţie cu altă femeie. A trădat-o şi pe aceea.

Iar pe ea nu-mi rămâne decât s-o compătimesc: în concluzie, s-a culcat şi cu ea, şi cu mine.

Dacă cu banii ei, cu afacerea ei, a fost în stare să facă aşa ceva, să distrugă viaţa unor copii, păcatul rămâne asupra ei: copii nu are, aceasta este deja o pedeapsă.

Probabil că nimeni nu are nevoie de amărâtă. Poate că aşa se afirmă ea în viaţă. Numai Dumnezeu poate să o judece.

### 3. *Am încercat să-mi pun capăt zilelor*

Mezina cânta „Sonata lunii" de Beethoven atunci când el a spus: „N-am nevoie de voi."

Katiuşa s-a acoperit instantaneu de vezicule roşietice. Am chemat Salvarea. Au internat-o de urgenţă. Pediatrul a dat verdictul: „Alergie pe fond nervos".

Tatăl, bucuros de noua sa victorie, a sunat chiar în faţa ei: „Iubito, fiică-mea are alergie, ne auzim mai târziu. Te sărut, puiuţa."

Katiușa l-a privit în ochi: „Tati, dar cum mine cum rămâne? Tu nu mă iubești? Și de ce îi spui prietenei tale «puiuța»? Puiuța sunt eu." Pe obraji i s-au prelins lacrimi.

De pian nu s-a mai apropiat.

Seara a avut loc o discuție între tată și fiica cea mare. „Tată, vorbești prostii, trezește-te la realitate!" „Mucoaso, nu învață oul pe găină!"

Eu eram totuși de părere că dragostea îi înnobilează pe oameni; admit fără rezerve că poți să iubești și la 20, și la 40, și la 60, chiar și la 80 de ani. Nu trebuie să fie însoțită însă de înjosirea, de jignirea celor apropiați. Te poți despărți și frumos. Da, ai întâlnit alta, însă nu trebuie să sufere copiii – ei suferă și în urma divorțului în sine. Atunci când tatăl își înhață însă fiica de 16 ani și o lovește cu capul de peretele din antreu...

În fiecare zi mă dădeam de ceasul morții încercând să-mi găsesc de lucru, dar mi se răspundea: „Nu ne trebuie persoane fără studii de specialitate" sau: „Sunteți prea în vârstă".

M-am angajat portar, însă mi s-a cerut să încarc o cadă. N-am fost în stare.

Orice speranță m-a părăsit.

Copiii au încetat să mai meargă la școală. Katia a abandonat cursurile.

Nu vedeam nici o ieșire, nu aveam nici un ban. Nu se găsea nimeni care să spună: „Situația e rezolvabilă." Probabil că așa se întâmplă în viață: totul se prăbușește peste om deodată. Iar omul trebuie, este obligat să reziste.

Ghenadie mi-a furat actele casei; le-am găsit la el, însă le-a furat iarăși.

A petrecut revelionul cu noi, însă dădea tot timpul fuga la toaletă ca să-i trimită sms-uri „puiuței". Cât dispreț era în privirile pe care mie le arunca mie și copiilor... Te și miri cât de mult timp poate omul să-și ascundă adevărata față.

S-a atins întâmplător de mâna mea și și-a tras mâna cu scârbă, ca și cum s-ar fi atins de o mizerie.

Pe 15 ianuarie ședeam pe canapea – în doi papuci diferiți, nu știu de ce –, mă uitam la mama, la el, la tristul motan Filimon.

Mă gândeam la bilețelul scris de mână femeiască pe care îl găsisem la el: „Kayforan, preparat sedativ, poate fi adăugat în ceai."

În fiecare dimineață, Ghenadie, văzându-mi starea de deprimare, îmi aducea o cană cu ceai, și eu o beam mașinal.

Mă miram de grija lui, însă mă gândeam: „Mulțumesc și pentru atât."

Numai apoi, când am pus totul cap la cap și am aflat că nu există nici un preparat cu asemenea denumire, am început să bănuiesc că nu degeaba îmi dădea el ceaiul acela.

Pe 15 ianuarie, Katia n-a înnoptat acasă (copiii începuseră să facă tot posibilul pentru a lipsi cât mai mult de acasă). Mașutka era la școală. Katia a deschis ușa și a intrat; m-am dus la ea, înțelegând că ceva nu este în regulă cu mine, am sărutat-o și m-am dus încet în dormitor.

Capul meu era deja gol de gânduri. Mă uitam fix la crăpătura ferestrei întredeschise de la balcon. M-am dus repede la ea și – toți s-au mirat cum de am reușit –, am trecut prin crăpătură, care nu era mai largă de zece centimetri. M-am cățărat pe pervaz și am privit îndelung cerul albastru-albastru, spunându-mi în gând: „Doamne, iartă-mă!" Am sărit. Îmi amintesc cablurile electrice și stâlpii care erau jos, departe... și atât. Întuneric...

### *4. Unde sunt?*

Am deschis ochii. Mirosea a pământ reavăn, respiram cu greu, nu puteam să mă mișc. Nu puteam înțelege unde sunt și cine sunt. Și nici dacă fusesem undeva vreodată.

Cineva s-a aplecat asupra mea; m-am străduit să rețin fața, dar n-am putut să o recunosc. După câte povestea mai apoi mama mea, răspundeam la întrebări clar și păream a recunoaște pe toată lumea. După toate probabilitățile, aici a funcționat subconștientul.

Mama n-a observat imediat dispariția mea. S-a dus în dormitor și a văzut ușa de la balcon întredeschisă. A țipat: „Lena a căzut! Bravo, Ghenadie, ți s-a împlinit visul, ai obținut ce-ai vrut!" S-a uitat la mine: din gura și nasul meu curgea, șuviță subțire, sângele.

Ghenadie s-a năpustit la fiica noastră și a început să urle: „Totul numai din cauza ta!"

Cum se poartă un laș într-o situație extremă? Vrea să fie disculpat. Se temea, probabil, de închisoare, căci pentru împingerea la sinucidere există un articol în Codul penal. Katia a strigat: „Bunico, nu mai pot respira!", și a început să-și piardă cunoștința. Mama a început s-o reanimeze.

„Soțul" meu s-a năpustit jos cu un strigăt diavolesc.

Salvarea a fost chemată de niște școlari care se duceau la lecții. De pe Salvare li s-a spus să nu plece de lângă mine – și au stat alături până când au venit medicii. Plecăciune până la pământ acestor băieți, care nu s-au pierdut cu firea, nu au dat bir cu fugiții, ci s-au purtat ca niște oameni mari. Când Katia și-a mai venit în fire, a dat fuga cu mama la mine jos, însă eu nu le-am recunoscut.

În acest răstimp, fiica mea cea mică, Maria, care se afla la lecția de geometrie, a simțit nenorocirea. Fugind din clasă, a început să sune acasă, țipând în telefon: „Ce s-a întâmplat, ce s-a întâmplat cu mama? Simt că s-a întâmplat ceva!" Plângea cumplit în telefon. I s-a răspuns că mama ei s-a aruncat pe fereastră.

Nefericitul copil, plângând în hohote, stătea la fereastră neștiind ce să facă mai departe, cum să-și ajute mama, cum să trăiască...

Care dintre savanți poate să spună ce unde, ce impulsuri au ajuns la sufletul copilului care se afla la o distanță considerabilă de mama sa, ce coardă a plesnit în sufletul lui?

Micuța era singură cu durerea ei. Mama: cine poate fi mai drag decât mama și cine o poate înlocui? Nimeni.

M-au băgat în ambulanță, mi-au pus perfuzie, m-au dus. M-am cufundat în întuneric. Prin negură am auzit strigătul medicului: „Opriți imediat mașina, cade tensiunea, moare." Am simțit cum cineva a început să-mi întoarcă capul. Mi-au făcut o injecție în carotidă.

Nu puteam să înțeleg deloc de ce este noapte. Nu vedeam pe nimeni; doar când se apleca cineva foarte aproape de fața mea îi vedeam fața ca într-o ferestruică.

Vedeam fața pământie a „soțului". Mama îl silise să mă însoțească; el se străduia să mă spele nu știu cu ce. Durerea cumplită pe care am simțit-o în spinare și în piept când m-au mișcat ca să-mi facă radiografie m-a cufundat în inconștiență.

M-am trezit când mi s-a făcut ecografie abdominală pentru a verifica dacă nu există hemoragie internă. Doctorița m-a întrebat: „De ce ai făcut asta?" „El ne-a terminat. N-am mai știut ce să fac." „Ești o proastă. Bărbați sunt gârlă, pe când viața ta este una singură. Ai hotărât să-i faci târfei o bucurie. Nu trebuie să le faci asemenea cadouri curvelor. Dacă o să mori, ceea ce este foarte probabil, o să vină stăpână în casa ta, să facă acolo legea; vai de copiii tăi!"

Eu însă nu înțelegeam bine ce mi se spunea. Îmi era totuna. Emoțiile mă părăsiseră.

„Fractură de compresie a coloanei vertebrale și a 12 coaste. Dacă nu va muri în urma hemoragiei, o așteaptă o operație foarte dificilă."

Îmi amintesc cum în reanimare tăiau de pe mine cu foarfecele lenjeria frumoasă, de care chiar îmi părea rău. Am șoptit însă: „Tăiați-o."

Auzeam cum „soțul" meu țipa ascuțit: „A băut tablete!" Ticălosul, se temea pentru pielea lui...

Mi-am adunat puterile și am șoptit: „Ce nemernic ești!" Credea că nu-l aud.

În reanimare mi-am venit puțin în fire și am înțeles că picioarele nu mă ascultă.

Cât am zăcut nu îmi amintesc; totul era un talmeș-balmeș în capul meu.

Îmi amintesc cum au luat un băiețel care a murit fără să-și recapete cunoștința.

După câteva zile am fost mutată în secția de neurochirurgie. În fiecare noapte visam unul și același vis. Eroul principal era soțul meu, care se străduia să fure copiii și să-i vândă pentru transplant. Îmi dădeam seama că sunt neajutorată: nu puteam decât să țip și să cer ajutor de la oameni. Nu puteam să adorm; nu voiam să văd coșmarul acesta.

Tocmai atunci mi-am dat seama cât de groaznic este să nu te poți mișca, să fii neajutorat, am realizat totala stupiditate și inutilitate a gestului pe care-l făcusem. Ce fericire este să mergi și să te poți împotrivi fizic răului! Acum nu mai puteam să-mi apăr deloc copiii.

A început un adevărat război între copiii minori și tatăl lor cufundat în adâncul desfrâului numit „idilă amoroasă". Acesta hotăra împreună cu amanta ce vor face cu apartamentul după ce mor eu.

Am sunat-o pe mama lui, rugând-o să vină să-și sprijine moral nepoatele și să aibă grijă de ele. Le era și frică să stea singure în casă.

Mama mea nu mă părăsea nici o clipă, nu se depărta nici un pas; mă hrănea cu lingurița, mă întorcea de pe o parte pe alta ca să nu fac escare. Îmi aduceam aminte de clipele fericite când mă puteam duce la toaletă în loc să urinez în pamperși. Vedeți, dragii mei, fericirea constă în lucrurile elementare: când mergi, vezi, când poți să te uiți pe fereastră, să te speli pe cap, să cureți cartofi pentru cină, să-ți mângâi copilul pe creștet, să stropești florile. Poftim răspunsul la toate întrebările. Fericirea este atunci când poți face ceva pentru ceilalți și pentru tine însuți.

Mama lui n-a venit, pretextând că este bolnavă; mai târziu s-a dovedit că „băiețașul" ei îi poruncise să nu se amestece. Aceasta a fost o greșeală din partea ei. Copiii au lăsat totul baltă. Ei nu știau ce să facă.

Katia, fată deșteaptă, s-a interesat de halucinațiile mele; ea știa de existența însemnării unde era menționată denumirea preparatului Kayforan. Ea presupunea că tatăl ei ar fi putut să-mi administreze un preparat psihotrop care putea duce pe cineva la sinucidere, mai ales dacă acel cineva era cufundat în depresie – și a găsit un medicament de genul acesta, numai că avea altă denumire, cu totul alta. Acesta era, bineînțeles, accesibil oamenilor care lucrează cu medicamente – iar amanta lui Ghenadie avea la dispoziție o întreagă firmă de distribuție a medicamentelor!

Nu pot afirma cu siguranță că este vorba de un plan bine pus la punct în vederea lichidării mele, dar nici nu pot să exclud această versiune. Cu atât mai mult dacă stau să mă gândesc că soțul meu îmi lua tot timpul actele casei, pe atunci nu fusese cumpărată încă de la stat. Copiii erau minori, așa încât el și amanta lui erau stăpâni pe situație.

Halucinațiile au încetat după ce mi s-a făcut anestezie generală. Katia a găsit un articol unde se spunea că anestezia generală blochează acțiunea preparatelor de genul acesta. Prefer totuși să cred că nu este vorba de o crimă premeditată, ci de o pură coincidență. Așa îmi este mai ușor să trăiesc.

### *5. Halucinațiile mele*

Mă chinuiau halucinațiile – ba că peretele este spart, ba păianjeni metalici ce coborau de pe tavan.

Mi se părea că sunt într-un spital de provincie și împrejurul meu umblă femei în haine negre, discutând faptul că am ajuns acolo fără buletin de identitate și ce ar trebui să facă cu mine.

Katia, fiica mea cea mare, a spus că în nu știu ce religie aceștia sunt îngerii morții. Probabil că aceștia nu știau ce să facă cu mine, care pătrunsesem inopinat în stăpânirea lor.

Înainte, când eram sănătoasă, mergeam la biserică și dădeam, pe lângă pomelnice pentru sănătate, pomelnice pentru odihna nu numai a rudelor răposate, ci și a celorlalți răposați pe care îi cunoșteam și pentru care nu avea cine să se roage.

Odată am văzut ceva – halucinație sau vis, nu știu. Eram acolo ca simplu spectator, fără să iau deloc parte la cele ce se întâmplau: o mulțime de oameni tăcuți, cu mâinile încrucișate pe piept, îmbrăcați foarte modest și îngrijit, stăteau și priveau în sus.

Sus nu se vedea soarele, ci o lumină strălucitoare, argintie, care umplea toate. Nu era un cer obișnuit, ci numai lumină. Între lumina aceea și oameni se purta un dialog. Nu auzeam acest dialog, dar simțeam că oamenii rugau lumina pentru mine. Îi vedeam dintr-o parte, apoi din spate. Înțelegeam că ei știu că sunt alături, însă erau complet absorbiți de dialog. Am simțit că este vorba tocmai de oamenii pentru odihna cărora dădeam eu pomelnice la biserică.

După aceea, am văzut o horă de copilași în jurul unui brad. Aceștia cântau cu glăscioare slabe: „S-a născut în pădure brăduțul”[1]. Printre ei i-am recunoscut pe răposații mei frate și soră, Iurka și Lena. Lenocika era într-un paltonaș în carouri și într-o căciulă cenușie din blană de iepure. Îmi aduc aminte foarte bine de carourile de pe paltonul ei. Tristețea mi-a umplut inima.

### *6. Indiferența*

Trezindu-mă, i-am văzut alături de mine pe cei de la anchete penale. Aceștia m-au întrebat cum s-a petrecut totul. „La ce bun, oricum o să mor!” „Nu, a spus unul dintre ei, ai avut deja o șansă, ai supraviețuit, așadar vei trăi.”

Întotdeauna mă chinuiseră temerile și grija pentru viitor, pentru cei dragi. Acum însă totul se destrămase. Mă rupsesem de tot. Îmi era totuna ce fusese și ce mai avea să fie. De undeva au apărut sora mea Svetlana și verișoara Ludmila, medic de profesie, severă, în halat alb.

[1] Unul dintre cele mai populare cântece rusești de Anul Nou pentru copii *(n. tr.)*.

Am început să întreb: „De ce îmi mai pun perfuzii? Să mă lase în pace!"

Ea a răspuns însă cu asprime: „Toți se străduie să te salveze, ești încă foarte tânără și trebuie să trăiești. Nu uita că ai copii!"

### *7. Dragostea*

Fiecare om înțelege cuvântul acesta în felul său.

Pentru unii, el înseamnă înțelegere reciprocă, încredere, vederi și interese comune. Pentru alții, e asociat cu armonia în sfera sexuală.

Eu însă am cunoscut o asemenea dragoste cum nu pot descrie nici un fel de cuvinte.

Dumnezeu mi-a descoperit asta.

Câtă dragoste și compasiune am simțit din partea oamenilor care mă îngrijeau – și a infirmierelor, și a asistentelor, și a uriașului medic Maksud Sadâkov, care avea un aer important și foarte sever...

Cât de mult m-au învăluit această compasiune și această dragoste!

Fiecare cuvânt, fiecare privire a oamenilor acestora spuneau: „Scumpo, o să trăiești!"

Fiecare noapte îmi aducea emoții dureroase. Noaptea mi se agravau durerile și făceam spasme la mușchii spatelui. Noaptea mi se părea că sunt o fetiță mică, ucisă, care zace sub scară, acoperită cu un țol subțire. Tot timpul îmi era un frig cumplit. Trăgeam de bucățica aceea de pânză, însă frigul venea peste mine din toate părțile. Nu înțelegeam de ce zac sub scară, părăsită de toată lumea. Deodată am auzit un strigăt răsunător: „A murit! A murit!"

În cap mi s-au învălmăşit toate. M-am gândit: „Nu cumva eu am murit?" Am primit strigătul acela cu o nepăsare ciudată.

Nu mă puteam mira de nimic; îmi era totuna, nu aveam nici un fel de emoţii. În salon s-a aprins lumina şi, venindu-mi complet în fire, am înţeles că murise o femeie din acelaşi salon cu mine. Aceasta se întorcea acasă de la serviciu ca întotdeauna, însă a intervenit o bucată de gheaţă... Cât de stupid şi simplu este să cazi lovindu-te cu capul de gheaţă! Femeia a suferit o traumă incompatibilă cu viaţa. La spital nu au putut să facă nimic pentru ea.

Cât de subţire este hotarul dintre viaţă şi moarte! Pe fiecare din noi îl aşteaptă undeva bucata sa de gheaţă, şi nimeni nu ştie când.

În faţa morţii, femeia cu pricina şi-a recăpătat cunoştinţa şi a început să-l cheme pe nepoţelul său. I s-a spus că se află la spital. A început să plângă cu amar, zicând că n-a reuşit să-şi ia rămas bun de la el – şi iată că ultima ei dorinţă a fost legată nu de soţ, ci de nepoţel...

### *8. Operaţia*

Într-una din zile, uşa salonului s-a deschis şi a intrat un bărbat blond, zâmbitor. Îl chema Igor, era neurochirurg, se spunea despre el că are mâini de aur şi o minte neobişnuită; venea pentru operaţiile grele din MONIKI[1]. Privindu-mă, a zâmbit: „Ei, paraşutisto, cum stăm?" „Când mă operaţi?" – am răspuns eu cu întrebare la întrebare.

A izbucnit în râs: „Prima femeie care se cere singură la operaţie."

---

[1] *Moskovskii oblastnoi naucino-issledovatel'skii kliniceskii institut* – Institutul clinic de ştiinţă şi cercetare al regiunii Moscovei *(n. tr.)*.

Am înțeles că numai el poate să mă salveze. Chiar dacă nu va reuși, mâinile lui – le-am privit cu atenție, erau atât de grațioase – se vor strădui din răsputeri. Am simțit că dacă voi merge sau nu, dacă voi trăi sau nu depinde de iscusința acestor mâini rafinate.

Le-am cerut copiilor, mamei, surorii să stea și să se roage lângă sala de operație.

Fetițele mele stăteau lângă patul meu; le-am rugat să-mi cânte.

Chiar înainte de a merge la operație mi-au cântat cu glasurile lor frumoase. Ascultam cu atenție; în salon, pacienții, plini de compătimire, își ștergeau pe ascuns lacrimile. Două fete frumoase îi cântau mamei lor un cântec, și nimeni nu putea spune dacă nu cumva făceau pentru ultima dată asta.

### *9. Trezirea după operație*

Operația a ținut șase ore. Medicii mi-au adunat la loc coloana vertebrală, care se făcuse bucățele. De-a lungul acestor șase ore grele, de la un cap la altul, apropiații mei – mama, fiicele, sora – s-au rugat pentru mine. Medicii ieșeau periodic să se odihnească; pe fețe le curgea transpirația.

„Cum e?", întrebau ai mei. „Încă se ține. A suferit o hemoragie, dar am rezolvat-o."

După ce au adunat la loc coloana, mi-au pus o armătură de titan, ca să se sudeze corect vertebrele.

M-am trezit noaptea târziu în reanimare. Atunci am simțit cum viața mi se scurge din trup. O stare de slăbiciune cruntă mă trăgea în jos, parcă mă trăgeau niște fire. Am șoptit: „Mi-e foarte rău!" Asistenta, al cărei nume nici nu pot să mi-l amintesc, a zis: „Ține-te bine, ai făcut hemoragie, operația a fost foarte grea!"

M-am uitat la ea cu o privire îndrăgostită: în hălățelul ei alb, îmi amintea de un înger.

Aflându-mă într-un loc atât de îngrozitor, într-un moment când se hotărau viața și moartea mea, m-am gândit: „Ce oameni extraordinari lucrează aici, știind că în orice clipă orice om se poate duce... Foarte păcat că nu le pot mulțumi. Ei își fac treaba rămânând în culise."

Dimineața mi s-a făcut transfuzie. Înainte mă temusem întotdeauna de transfuzii – însă acum, când odată cu fiecare picătură de sânge străin intra în mine viața, i-am mulțumit în gând donatorului necunoscut. Am mulțumit pentru faptul că s-a găsit un donor cu o grupă de sânge atât de rară ca a mea. Am simțit o recunoștință nemărginită față de acel om.

Mai târziu, o fată mi-a adus terci de ovăz și m-a hrănit, în porții mici, cu o linguriță de ceai. Și acum îmi vine să-i sărut mâinile.

Nici o urmă de iritare, de grabă; mă întreba: „Nu mai vreți?"

După ce m-am simțit întrucâtva ușurată și au început să mă transporte cu targa în salon, am văzut o icoană a Maicii Domnului, care atârna drept în fața intrării în reanimare.

În salon toată lumea m-a întâmpinat cu bucurie, cineva plângea, altcineva încerca să mă sărute, altcineva se ruga. Am simțit dragoste, dragostea unor oameni care, deși nu mă cunoșteau decât puțin, nutreau compasiune față de mine.

Creierul mi s-a limpezit. S-a încheiat cu halucinațiile. Picioarele însă nu mă ascultau – mai mult decât atât, pur și simplu nu le simțeam. Medicul m-a pus să mișc din degete; nu îmi ieșea mai deloc. Mie îmi spunea: „Totul o să se aranjeze până la urmă; o să faci exerciții mult timp și cu stăruință, și o să începi să mergi", pe când apropiaților le zisese că practic nu sunt șanse.

M-a vizitat un anestezist-reanimatolog. Acesta mi-a spus: „Potrivit statisticilor, după o asemenea operație din o sută de bărbați zdraveni supraviețuiesc numai trei. Așa că ai avut mare baftă."

Nu știu de ce, dar eu nu mă gândeam însă la rău. Noaptea începeau convulsii ale mușchilor spatelui, care mă durea groaznic. Încă nu puteam să mă întorc de pe o parte pe alta.

Mama, scumpa mea mamă, îmi masa picioarele, care erau ca de lemn, aproape tot timpul. Am început să am în ele o senzație de arsură. Închinăciune adâncă celui mai scump, celui mai apropiat om de pe pământ – mamei mele. Ea a stat mai mult de o lună lângă mine; rareori o înlocuiau copiii. Dormea pe scaune puse unul lângă altul; mânca ceea ce rămânea de la masa mea sau dacă o ospăta cineva. Și niciodată, niciodată nu am văzut în ochii ei vreo lacrimă. Mi-a spus că ceva se împietrise în ea, și repeta mereu: „Totul o să fie bine."

Și acasă a fost și este întotdeauna alături de mine.

### *10. Reflecții despre viață*

Oamenii și-au pus dintotdeauna întrebări despre sensul vieții. Aceasta este o problemă eternă, și fiecare încearcă să răspundă la ea singur.

Noi vrem ca viața noastră să fie fericită, împlinită. Vrem să iubim și să fim iubiți. Acesta este idealul, și el este foarte greu de atins.

Nu trăim în vremurile cele mai fericite: suntem martori la destrămarea societății, prăbușirea idealurilor, reevaluarea sistemului de valori, decăderea moralității.

Nu poate rezista decât un om foarte puternic.

Bani, dive siliconate, care promit înfăptuirea celor mai tainice fantezii: cum să reziști...?

Principalul este pentru bărbați potența și banii, iar pentru femei – să găsească un sponsor tare.

Despre asta se strigă la televizor, asta vedem în revistele cu coperți lucioase. Sex, fantezii, bani, să mori în brațele unei dive – iată sarcina de prim rang în ziua de astăzi.

Toate acestea sunt patimi trupești, care ne coboară la nivelul animalelor. Uităm că omului îi este proprie rațiunea.

Dar sufletul unde este? Ce nu ne lasă să dormim noaptea, ce ne frământă, ce ne neliniștește?

„Constructorii socialismului" i-au pus academicianului Pavlov următoarea întrebare: „Tu diseci cadavre: unde ai văzut acolo sufletul?" La care Pavlov a răspuns: „Păi nici mintea n-am văzut-o când făceam trepanații craniene."

Prin asta voia să spună că nu toate lucrurile pe care noi nu le vedem sunt inexistente.

Acum, mulți au uitat de suflet. Vor glorie, bani, care nu le sunt de ajuns niciodată, vor o viață frumoasă. După ce capătă toate acestea, omul se simte deodată mâhnit. Ce să fie asta? Ai toate, și totuși îți lipsește ceva.

Poate soția nu este potrivită, poate că prietenii sunt de proastă calitate?

De fapt, sufletul, pe care tu l-ai împins adânc și departe, îți arată că mai este și el pe acolo. El este lucrul cel mai bun, extraordinar și inexplicabil, pe care ni l-a dat Dumnezeu. Iată și sarcina pe care o avem în viață: să-l păstrăm fără a-l păta și să ne trăim viața după legea lui. Nu toți reușesc asta, fiindcă e foarte greu să nu te abați de pe calea cea spinoasă și dificilă, biruind ispitele, să reziști în fața tentației vieții „frumoase" și să nu ajungi în iad.

Poate apărea întrebarea: „Dar ce să fac, cum să trăiesc?"

Răspunsul este simplu: există Cartea cărților, în care sunt definite clar regulile – poruncile lui Dumnezeu. Ele nu sunt atât de multe, fiecare trebuie să le știe și nu sunt greu de învățat. Vă rog, folosiți-vă de legile pe care le avem de-a gata și trăiți în fericire. Aceste legi au fost formulate de multă vreme și pentru fiecare dintre noi în Biblie. Citiți-le și reflectați la fiecare din ele, până când nu e prea târziu.

Chiar și savanții s-au convins că rugăciunea intră în rezonanță cu vibrațiile organelor noastre, schimbă structura sângelui, aduce pace în suflet, stabilizează sistemul nervos. Oare aceasta nu este o minune? Știința contemporană ridică un colț al vălului: nouă nu ne rămâne decât să medităm puțin...

### *11. După câțiva ani*

Durerea s-a mai potolit. Da, probabil că nu mai este durere, ci un alt mod de a percepe viața, lumea. După încercarea de sinucidere, necazurile nu m-au mai părăsit.

La copii a început o depresie groaznică. Nici una dintre fete nu mai voia să trăiască. Dacă înainte visam că vor avea un start minunat în viață, acum mă gândeam cum să fac în așa fel ca ele să supraviețuiască și să devină oameni obișnuiți, normali.

În vara aceluiași an 2005 mi-a fost furată fiica cea mare. Am simțit intuitiv că în dispariția ei e amestecată și dama care ne-a distrus familia. Să mă ierte Dumnezeu dacă n-am dreptate. După ce Ghenadie i-a telefonat iubitei sale, fiica mea a apărut – lângă o stație de metrou, murdară, cu un pisoi în brațe, plângând, fără să-și amintească nimic. Am spus miliției că pot găsi apartamentul în care a fost ținută; ei s-au mirat. Am mers cu mașina pe străzi mult timp împreună cu echipa de arestare. La un moment dat am simțit și le-am arătat una dintre case și o fereastră la care erau atârnate cârpe. Fiica mea a recunoscut locul cu pricina, și când au intrat în casă a recunoscut interiorul, lucrurile, a recunoscut și notița prinsă de frigider, cu un anumit conținut. O ținuse acolo un fost pușcăriaș. Punând lucrurile cap la cap, ne-am dat seama că atunci când bunica fetei – mama mea – era la biserică și se ruga, pușcăriașul a început să se agite, să strige că îi e foarte rău; a deschis ușa și a răcnit: „Fugi repede!" Fiica mea a fugit fără să știe încotro – a fugit de moartea sa. Și iarăși spun: „Dumnezeu a scăpat-o!"

În primăvara aceluiași an, fiica cea mică și-a prins piciorul în ușa de la autobuz, fiind târâtă vreo zece metri. A ajuns la spital cu contuzie cerebrală și cu o traumă serioasă a spinării.

Toți erau îngroziți, însă noi am trecut și de asta. Am văzut pentru prima dată cum plânge „soțul" meu; probabil, ceva s-a mișcat în inima lui.

Dragii mei! Probabil că vă gândiți: „Cum poți să reziști la așa ceva?" Poți și trebuie. Toți am rămas în viață, și asta e principalul.

S-a rezolvat și cu locul de muncă. Odată, când am format numărul de telefon al unei prietene, s-a făcut legătura greșit, și așa am făcut cunoștință „întâmplător" cu un bărbat care mi-a propus un job foarte avantajos.

Am terminat încă o facultate. Mi-a fost greu, foarte greu. Am dureri mari în spinare, în picior. De-abia mă abțin să nu gem, însă când vin de la muncă mă uit la cer și zic: „Doamne, Îți mulțumesc pentru faptul că merg, că respir, că văd în jurul meu copaci, frunze, soare!"

„Soțul" locuiește în același apartament cu noi; ceva n-a mers între el și amanta lui. Îl iubesc pe omul bun și atent care a fost cândva, însă acela a rămas în trecut, în amintirea mea.

Pentru a-mi aranja viața personală nu am deloc vreme; de altfel, nu cred că o să mă recăsătoresc. Nu vreau să stric case, nu vreau să plângă copiii nimănui. Fericirea nu se clădește pe durerea și lacrimile altuia. Viața este un bumerang, totul se întoarce asupra ta cu vârf și îndesat.

Mi-am ales un alt scop: munca mea, cariera. Ce satisfacție să-ți cumperi din banii câștigați prin muncă cinstită haine, parfumuri scumpe, podoabe, să-ți răsfeți copiii, să-i îmbraci, să-i încalți! Niciodată nu mă cert cu fetele mele: mă tem ca nu cumva să le traumatizez sufletele, care și așa au fost mutilate.

Am înțeles încă un lucru: dacă îți stabilești o sarcină pozitivă concretă, neapărat o vei împlini. Dacă vrei din nou iubire și fericire, o să ai parte de ele neapărat. Dacă vrei să faci carieră, o să-ți iasă și asta. Nu trebuie să-ți permiți să te îndoiești. După ce ți-ai elaborat strategia de viață, trebuie să trăiești aici și acum, iar programul funcționează automat.

Ceea ce am făcut eu este cel mai mare păcat și o prostie inadmisibilă. Nu există pe planeta Pământ om pentru care să merite să te lipsești de cel mai prețios lucru. Viața mea, viața voastră – iată calea noastră. Este ceea ce ni s-a dăruit de Sus – și acolo, Sus, se hotărăște când trebuie să plecăm de aici. Dacă suntem vii, înseamnă că sunt lucruri pe care nu le-am terminat de făcut, că sunt întâlniri care ne așteaptă, că sunt zile pe care le avem de trăit.

Credeți-mă însă: oricât de rău ar fi, totul trece. Timpul vindecă orice răni.

În momentul în care bărbații ne părăsesc, la ei apare patima, care nu reprezintă un motor, ci o frână pentru dezvoltarea personală. Această patimă nu ține mai mult de doi ani în cazul vieții în comun, iar în cazul întâlnirilor ocazionale – până la cinci. La bărbați totul se repetă – iarăși dezamăgire, iarăși nu este ceea ce voia el. Nu vreau să-i jignesc pe bărbați generalizând: vorbim aici de cei care își părăsesc familiile pentru senzații noi, căutând o fericire nouă. După pasărea fericirii poți să alergi însă toată viața. Iar de răspuns pentru faptele lor vor fi nevoiți să răspundă.

Greșelile noastre fac parte din experiența noastră. Nu trebuie ca ea să fie îngrozitoare. Nu trebuie deloc să faci din tine însuți un invalid ca să ți se deschidă ochii, așa cum a fost cazul meu. De câte chinuri fizice și morale n-a fost nevoie ca să învăț să umblu! Nimeni nu-și poate închipui grozăvia asta.

Am renunțat la cârje. Am făcut exerciții zilnic. Cădeam, mă ridicam, cădeam iarăși. Mă durea tot timpul, însă doctorii spuneau că în cazul dat vindecarea trece numai prin boală. Mă așteaptă încă o operație pe coloană, însă nădăjduiesc într-un rezultat pozitiv. Vreau ca pentru mine să se roage toți cei cărora soarta mea nu le este indiferentă. Vă iubesc pe toți. Dumnezeu să vă ocrotească! *(Elena, 45 de ani)*

# Nădăjduiam numai în noi înșine

Ne-am căsătorit tineri. A fost o dragoste mare. Nu puteam trăi unul fără celălalt. S-ar fi părut că fericirea noastră nu va avea sfârșit. Ea era ortodoxă, pe când eu eram departe de biserică. Am primit cu ostilitate ceea ce spunea ea despre părintele duhovnicesc, despre binecuvântare. Consideram că omul trebuie să ia deciziile singur. I-am pus condiția: ori biserica, ori eu...

Dragostea a învins. După aceea a rămas gravidă. Am hotărât să facem avort, întrucât eram tineri, am zis că trebuie să ne mai trăim viața. După un timp, eu am devenit nervos, irascibil. Cu soția mă purtam grosolan, însă ea răbda. După aceea, „pentru orice eventualitate", m-am hotărât să merg la biserică să mă spovedesc și să mă împărtășesc, în ideea: „Dacă este adevărat ce se vorbește despre Taine?" Soția s-a bucurat, m-a învățat ce trebuie să fac.

După aceea am spus că trebuie să găsim duhovnic, însă nu pe cel la care se ducea soția mea înainte să ne cunoaștem, care, după părerea mea, atenta la viața noastră personală și cu care ea, la insistențele mele, a încetat să mai comunice, ci un altul. Un părinte a fost de acord să ne ia sub aripa sa, însă comunicarea nu se lega. Creșterea mea duhovnicească n-a fost rapidă. Atunci nu vedeam dependența familiei, ca și a tuturor celorlalte lucruri, de Dumnezeu. Pentru mine, El era foarte departe.

Izbucnirile de mânie și de grosolănie față de soție au continuat, însă ea răbda și ierta. După un nou scandal monstru n-a mai rezistat însă și a plecat. Este greu de descris sentimentul de durere și singurătate pe care l-am trăit. Am înțeles că se va duce la duhovnicul ei. Știind cu aproximație unde se găsește biserica lui, m-am dus acolo, însă părintele nu era. Nu știu cum arătam, însă femeile de la biserică mi-au dat numărul lui de acasă, cu toate că lucrul acesta era interzis cu strictețe și mă vedeau pentru prima dată. Probabil că totul mi se citea pe față. L-am sunat. A răspuns o femeie și a întrebat ce să transmită. Am explicat cu greutate cine sunt. Părintele nu putea să vorbească în acel moment, însă a transmis că se bucură mult și mi-a fixat întâlnire la două zile după slujbă.

M-am dus la slujbă. A venit și soția mea. Ea nu era hotărâtă categoric să divorțeze; pur și simplu voia să trăiască o vreme singură, să se limpezească. Harul pe care îl emana părintele i-a topit însă inima și ne-am împăcat pe loc, iar pe părintele l-am rugat cu pocăință să ne ia sub aripa sa, lucru la care el s-a învoit cu bucurie. I-am promis ferm că mă voi schimba și că îi voi îndeplini toate sfaturile, că mă voi împărtăși regulat și că voi veni în mod constant să vorbim. Eu și soția mea eram tot timpul îmbrățișați, ne povesteam cum trecusem prin acele câteva zile. Împăcarea a fost deplină. Am hotărât ca de acum înainte să ne menajăm unul pe celălalt.

La început ne-am împărtășit regulat; după aceea ba nu aveam când, ba ne era lene, așa că irascibilitatea și grosolănia și-au făcut iarăși, puțin câte puțin, cuib în mine. De câteva ori, după noi scandaluri, soția a vrut să plece. Îmi ceream iertare, o convingeam să mergem întâi la părintele (care trăia undeva departe). Aparent ne împăcam, și la părintele nu mai aveam, chipurile, de ce să mergem – și tot așa de câteva ori.

În ultima vreme soția mea a încetat, sub felurite pretexte, să mai meargă la biserică – ba că e la ciclu, ba că n-a postit ș.a.m.d. După cum s-a dovedit mai târziu, hotărâse să divorțeze, atâta doar că aștepta prilejul potrivit ca să mă anunțe. Trăia cu mine din milă. Tocmai lucrul acesta n-o lăsa să se împărtășească. Pe atunci eram încă orb. Iată însă că după un conflict neînsemnat ea m-a înștiințat de hotărârea ei. În acel moment trăisem împreună șapte ani. Insistențele, rugămințile n-au fost de nici un ajutor. A plecat.

Bineînțeles, m-am dus la părintele. Acesta mi-a arătat greșeala pe care am făcut-o: că tot timpul ne bizuiserăm pe noi înșine, nu pe Dumnezeu. Veneam rar, ne împărtășeam rar, conflictele le rezolvam singuri, fără participarea lui. Numai atunci am înțeles că singur nu pot face nimic, nici măcar un pas, și că toate promisiunile mele de îndreptare nu fac nici cât o ceapă degerată, că trebuie să-L rog pe Dumnezeu să mă ajute.

Părintele a încercat să-i bage mințile în cap soției mele, însă ea nu mai avea încredere în mine. De părintele nu asculta. Acesta ne-a trimis la un stareț, la mănăstire, cu nădejdea că poate cuvântul acestuia va avea putere, însă nici aceasta n-a ajutat. Soția era fermă.

De-a lungul unui an am încercat să salvăm familia. Părintele stătea de vorbă cu ea, eu ceream iertare, îi făceam cadouri, dar... Cel mai cumplit lucru este că de doi ani soția mea nu se mai spovedea și nu se împărtășea, fiindcă înțelegea că după spovedanie trebuie să se întoarcă în familie, iar ea nu voia asta. Nădăjduiam că va birui conștiința creștină, dar nu s-a întâmplat asta.

În tot acest răstimp simțeam însă sprijinul și prezența lui Dumnezeu într-un mod atât de vădit, că nici o altă senzație pământească nu se poate compara cu asta. Mă rugam iarăși și iarăși lui Dumnezeu să mă cerceteze. Găseam zilnic timp să merg la biserică. Sufeream foarte mult când Dumnezeu Se depărta. Îl căutam. În ciuda durerii sufletești extrem de puternice, pot numi fără exagerare această vreme a apropierii de Dumnezeu cea mai fericită perioadă a vieții mele. Am înțeles că prin asta Dumnezeu vrea să îmi dea o lecție. Am început, cu recunoștință și lăcomie, să absorb cunoștințe duhovnicești, nădăjduind că soția mea se va întoarce și că vom începe o viață nouă...

Soția însă nu s-a întors. La un moment dat mi-am pierdut nădejdea, și aceasta a fost pentru mine o a doua lovitură, nu mai puțin puternică decât plecarea soției. În starea aceasta m-am și dus la părintele. El mi-a dat binecuvântare să caut o familie nouă.

După un an am întâlnit o fată și am dus-o la părintele. Acesta a binecuvântat să ne întâlnim, apoi să ne și căsătorim, și ne-a cununat chiar el. În această căsnicie am intrat deja cu un anumit bagaj de cunoștințe. Pentru mine, Dumnezeu este acum ajutorul cel mai apropiat în toate. Sunt deja cinci ani de când trăim foarte fericiți împreună. Avem un copil de patru ani și mai vrem și alții. Cu actuala soție o duc în liniște și pace, nici nu ne certăm, pe când fostei soții nu i-a mers în viață. Eu îi sunt însă recunoscător pentru toți anii pe care i-a petrecut cu mine, pentru răbdare, pentru lecția pe care mi-am însușit-o. Probabil că altfel nu aș fi înțeles. Am crezut și cred mereu în adâncul sufletului că Dumnezeu mi-a luat ceva bun ca să-mi dea ceva și mai bun. *(Gheorghe, 37 de ani)*

## Să divorțez sau nu?

*18 iunie*

Vreau să divorțez de bărbatul meu. Hotărârea nu este deloc una simplă pentru mine... M-am căsătorit acum cinci ani, pentru că voiam foarte mult să am un soț și copii. Eram gata de căsnicie? Acum înțeleg că nu. Pe atunci cârteam împotriva lui Dumnezeu și mă rugam să îmi vină un mire! Am făcut 24, 26 de ani, nu aveam pe nimeni, de sărutat mă sărutasem doar de câteva ori! Îmi era rușine! Și părinții erau deja nemulțumiți că sunt fată bătrână, și prietenele născuseră deja toate... Iar mirele nu mai venea! Și atunci mi-am zis: „Lasă că-l găsesc singură!" Și l-am găsit...

Niște prieteni de familie mi-au făcut cunoștință cu un tânăr. Ne-am căsătorit. Eram fericită, visam să am un copil. El însă nu voia copil și acasă venea la orele 3-5 dimineața. Plângeam, făceam crize de isterie, iar el se distra. Atunci ar fi trebuit să cad pe gânduri, însă mi se părea că îl iubesc și că pot răbda totul.

Ni s-a născut o fetiță. Am devenit mamă – ce fericire! Soțul meu continua să trăiască însă separat: prieteni, chefuri... Mai târziu am aflat că mă înșela. Îmi educ copilul, mă cert cu el, încerc să-l fac să mă înțeleagă, iar el crede că încerc să-l recroiesc după calapodul meu, și vine acasă și mai târziu... sau mai devreme, cum vreți s-o luați.

Tot sper într-o minune. Au trecut deja doi ani de când îmi refuză apropierea conjugală. De ce? Mi-a zis că el nu are nevoie de asta, că așa e el, și că dacă nu-mi convine, pot să divorțez.

De doi ani trăim împreună ca doi camarazi, însă nu demult am citit un mesaj pe care l-a primit de la o fată cu care întreține legături. Bineînțeles că el neagă totul. Eu însă am înțeles o mulțime de lucruri... Îl rog să plece. Spune că o să plece și tot nu pleacă... Am rămas în relații civilizate de dragul fetiței, cu toate că uneori încep să mă cert. Mă doare foarte mult că m-a înșelat atâția ani!

Am început un mare efort de reeducare lăuntrică. Mi-am reexaminat și mi-am reinterpretat toată viața, dar undeva, în adâncul sufletului, apare gândul că încă mai putem salva căsnicia noastră și că poate voi regreta divorțul. Asemenea gânduri îmi vin în cap, și mă doare foarte tare. Aș vrea să aud și părerile altora... Nu răspunsuri, ci reflecții.

Mă pregătesc de împărtășanie și spovedanie! Vreau să mă întorc la Cel de care m-am lepădat de bunăvoie... *(Delfina)*

*18 iunie*

Delfina, nu merită să divorțați atâta timp cât aveți fie și cea mai mică umbră de îndoială în ce privește corectitudinea hotărârii pe care ați luat-o. (*Străina*)

*19 iunie*

Cred că îndoielile care apar în sufletul meu vin din cauză că nu m-am obișnuit cu mine cea nouă. Funcționează obișnuința: „Dacă el, totuși, o să se schimbe?" Am trăit cu speranțele astea atâția ani! Odată ce am hotărât să ne întemeiem o familie, trebuie să fie și copii, și respect, și fidelitate, și dragoste, credeam eu. Ei bine, se dovedește că celălalt poate să aibă alte concepții despre căsătorie și despre viață.

Despre soțul meu nu vreau să scriu și să vorbesc de rău. El este un om cu alt sistem de valori, cu alte concepții despre familie. Greșeala mea constă în aceea că am încercat să-mi întemeiez o familie fără să mă fi maturizat în plan personal. Da, aveam deja 26 de ani, dar nu știam să iubesc... Ideea mea era că trebuie să-mi întemeiez o familie din pricina vârstei ș.a.m.d. Și el s-a însurat cu mine din aceleași motive. Nici el nu știe să iubească. De-a lungul tuturor anilor noștri de căsnicie, numai eu am stat și m-am gândit ce nu merge bine, pe când el era mulțumit de toate: „avem copil, avem de toate", și nu înțelegea frământările mele. El crede că n-aș avea de ce să fiu nemulțumită: nu fumează, nu bea, mâncăm bine ș.a.m.d., iar întâlnirile cu prietenii până dimineața sunt ceva normal. Nu avem interese comune, preocupări comune și prieteni comuni, nu există între noi căldură... Ne leagă doar copilul... *(Delfina)*

*19 iunie*

Mi se pare că gândiți foarte corect. Într-o carte din 1913, *Probleme dificile ale spovedaniei*, reeditată de curând, am dat peste următoarele:

„Nu ai nădăjduit cumva în om mai mult decât în Dumnezeu? În lucrarea mântuirii nu ai nădăjduit cumva prea mult în puterile tale, în bogăția ta, în tăria ta morală?"

Reiese că dumneavoastră ați găsit capătul firului, de unde pornesc toate. Poate că după Taină și, așa cum spuneți, „întoarcere" va apărea o soluție.

Scrieți ce gânduri vă mai trec prin cap. *(Galina M.)*

*19 iunie*

Da, Galina, și eu simt că sunt pe calea cea bună. Acum știu cum trebuie să fie căsătoria și înțeleg în ce constă sensul ei. Căsătoria este o Taină, și sensul ei constă în slujirea lui Dumnezeu! Dar eu ce să fac cu căsnicia mea, care de la început a fost zidită greșit?! Ce să fac eu acum cu cunoștințele acestea?! Deocamdată nu știu răspunsul corect... *(Delfina)*

*19 iunie*

Acum faceți totul corect, pentru familie trebuie să te lupți până la capăt, atâta doar că trebuie să te lupți cu ajutorul lui Dumnezeu. Ceea ce este cu neputință la om este cu putință la Dumnezeu. Nu vă schimbați soțul, ci începeți să vă schimbați chiar dumneavoastră, rugați-vă mai mult și cereți ajutor de la Domnul. În plus, să nu sperați într-un rezultat instantaneu. Aceasta este o cale lungă și migăloasă, și dacă o veți străbate până la capăt vă așteaptă negreșit răsplata în viitor. Succes și Dumnezeu să vă ocrotească! *(Maria)*

*19 iunie*

Rugăciunea și îmbisericirea fac minuni, așa este.

Soțul meu mi-a zis de multă vreme că nu va mai avea copii cu nimeni și niciodată – și eu, ca soție a lui, trebuie să mă împac cu asta. De ce nu va mai avea copii? Pentru că lui îi ajunge și unul singur. El consideră că și-a îndeplinit misiunea: întreține material familia, are apartament și are copil. Eu trebuie pur și simplu să mă bucur de toate astea, că la alții e și mai rău: soțul bea, își bate soția, nu muncește. Acestea sunt spusele lui, cuvânt cu cuvânt. Toate încercările mele de a construi niște relații normale sunt blocate. Nici nu mai încerc. Este inutil.

El nu vrea să divorțeze: „Tu ești cea care distrugi familia. Eu nu m-am însurat ca să divorțez!"

Material nu depind de el, în curând o să merg la muncă, fetița este la grădiniță. Acum, eu și fetița dormim în camera de copii, iar el în dormitor. Mi se pare că este chiar bucuros de aranjamentul acesta: eu nu-l întreb unde este, când se întoarce, nu sun. Ce sens are o asemenea familie?! *(Delfina)*

*19 iunie*

Eu, ca și dumneavoastră, m-am grăbit să mă mărit pentru că toată lumea se mărită și credeam eu că trebuie. Am născut un copil, însă n-am avut viață cu soțul meu. M-am gândit foarte multă vreme: să mă despart ori să păstrez căsnicia? Da, la început a fost greu, dar aveam copilul. Am început să merg la biserică, mă rugam mereu – și cu timpul m-am liniștit, mi-am refăcut viața. M-am îndrăgostit...

A trăi cu omul iubit e o fericire. Când trăiam cu cel neiubit mă chinuiam mereu, plângeam. Toate acestea se transmiteau copilului meu. După divorț mi-am tratat multă vreme puiul la psiholog, l-am dus la biserică. A început să vorbească numai după trei ani.

Nu vă chinuiți și nu stresați copilul. Adevărata dumneavoastră dragoste este undeva prin apropiere, așteptați. O să fie totul bine, Dumnezeu o să ajute. Apropo, Biserica nu condamnă divorțurile, se admit până la trei căsătorii. *(Ecaterina)*

*19 iunie*

Ecaterina, nu pot să fiu de acord cu dumneavoastră. Biserica a condamnat întotdeauna divorțurile, și a doua căsătorie este permisă numai părții nevinovate, pe când cea de-a treia este în general foarte rară, și asta atunci când unul dintre soți a murit. Așa încât nu este voie să gândim la modul: „Nu mi-a plăcut, Biserica nu condamnă divorțurile, am în rezervă încă două variante." În cazul Delfinei nimeni nu o va condamna pentru divorț, întrucât soțul a înșelat-o. În plus, situația este complicată de faptul că acesta îi refuză apropierea fizică, nu se implică în treburile familiei, nu vrea să se schimbe ș.a.m.d. – însă, iarăși zic, aceasta este o problemă foarte complexă și aici trebuie să ne călăuzească rațiunea și sfatul unui duhovnic cu experiență, pentru că această căsătorie a fost îngăduită de Dumnezeu cu un anumit scop și, după părerea mea, în cazul dat trebuie băut paharul până la fund (am în vedere lupta pentru familie). *(Maria)*

*19 iunie*

Sunt întru totul de acord cu Maria. Această căsătorie mi-a fost dată cu un scop! Tocmai gândul acesta mă oprește să divorțez. Trebuie să fie un scop pentru care mi-a fost dat tocmai un asemenea om, însă și eu i-am fost dată lui (soțului) cu un scop anume.

Ceea ce am înțeles despre mine însămi în acest răstimp m-a cutremurat! Diferența între ceea ce gândeam despre mine însămi și cine sunt de fapt, iată ce m-a cutremurat! Din punct de vedere lumesc, trebuia demult să-l las și să caut o nouă dragoste, însă din punct de vedere duhovnicesc totul stă altfel, e mai profund... *(Delfina)*

*19 iunie*

Adică reiese că trebuie să suferi și că n-are decât să sufere și copilul, dar căsnicia trebuie păstrată cu orice preț? Eu nu cred că a doua căsătorie e o „variantă de rezervă", asta e deja treaba fiecăruia. Gândiți-vă. Gândiți-vă la dumneavoastră, gândiți-vă la copil, care în mod evident suferă și el și simte totul, și gândiți-vă la soț, pentru care, de asemenea, situația nu este deloc simplă. *(Ecaterina)*

*19 iunie*

Nu, să suferi nu trebuie. Este rău atunci când în căsnicie suferă toți și cu atât mai mult când suferă copiii. Trebuie să te strădui să clădești relațiile cu soțul pe respect reciproc, călcându-ți adeseori în picioare propriul ego, să știi să te sacrifici, să fii alături de celălalt la bine și la greu. Și trebuie să te lupți atâta timp cât mai există fie și o singură picătură de nădejde și de îndoială în privința divorțului. Chiar dacă jumătatea ta nu vrea relații normale și se joacă, să zic așa, la o singură poartă, oricum trebuie să te rogi pentru cel rătăcit – iar în continuare, în toate este voia lui Dumnezeu. Nu contest că există cazuri când e mai bine să te desparți, însă trebuie să înțelegem întotdeauna că aceasta este o măsură EXTREMĂ. Pur și simplu este mai bine să fie un singur soț sau o singură soție toată viața, iar de divorțat trebuie să divorțezi doar în cazul extrem, când înțelegi că s-a terminat, că ai făcut tot ce puteai să faci și chiar mai mult și că în această privință conștiința ta este curată.

Poți să trăiești și separat o vreme, că doar orice om se poate îndrepta și trebuie întotdeauna să i se lase această șansă. Deși sunt fel și fel de cazuri și fiecare situație trebuie abordată individual, nu merită niciodată să te grăbești să divorțezi. A strica e una, a construi este altceva. *(Maria)*

*19 iunie*

Nu suntem cununați, soțul meu nici măcar nu e botezat. M-am căsătorit în cunoștință de cauză. Am încercat să creez cu propriile mele puteri o familie bună.

Acum doi ani și jumătate am plecat de la el, însă m-am întors. Mi se părea atunci că mai am o șansă, și el m-a rugat să mă întorc. Au trecut doi ani și jumătate, și mă aflu iarăși în fața aceleiași dileme: să mă despart sau nu? De-a lungul acestor ani m-am schimbat; nu pot să spun că m-am maturizat duhovnicește, dar să zicem că am mai crescut. L-am întrebat: „Tu crezi că e normal să te porți cu mine AȘA?" „Nu!" „Și atunci de ce te porți cu mine AȘA?" „Păi unde o să te duci, doar avem un copil!", mi-a răspuns, și: „Dar tu ce credeai, că o să mă schimb?!" El crede că nici de această dată n-o s-o pot rupe definitiv cu el și că o să trăim la fel ca înainte... Bineînțeles, fiica noastră simte toate acestea. Ea își iubește și mama, și tatăl. Iar eu trăiesc și cred că nu vreau să trăiesc AȘA.

Mâine pleacă în delegație pentru o săptămână, și o să pot reflecta liniștită în continuare.

*20 iunie*

Delfina, acum, din cele ce spuneți, poziția lui e clară. Sfatul meu este să cereți îndrumare de la Dumnezeu în sensul ce trebuie să mai faceți ca să schimbați această poziție, măcar s-o clintiți cât de cât.

În privința copilului, este de neînțeles. Soțul dumneavoastră știe că cel mai eficace mod de educație este exemplul propriu? Își dă el seama ce-și învață fiica – unica din perspectiva planurilor lui? Ce spune el despre asta? *(Galina M.)*

*20 iunie*

Vă mulțumesc, Galina, pentru că sunteți alături de mine!

Despre fiica noastră el spune următoarele: „Este fată, și tu ești cea care trebuie să te ocupi de educația ei. Când o să mai crească, o s-o iau câteodată cu mine la terasă, de exemplu." Este, înțelegeți, copilul meu, de vreme ce eu am insistat să-l avem. El nu voia. Când s-a născut a fost însă fericit și mândru din cale-afară. Am simțit asta, și m-a încălzit sufletește.

Acasă aproape că nu stătea, după muncă pleca nu se știe unde, și eram nevoită să fac toate singură. Singura lui obligație în casă era să cumpere de mâncare. „Păi tu stai acasă, ce faci toată ziua? Înainte femeile cărau apă, spălau de mână." Eu tăceam. Îi spuneam că este foarte rău pentru fiica noastră că este singură la părinți, că este foarte important să aibă un frate sau o soră, că el apelează întotdeauna la fratele său, dar fiica noastră la cine va apela? „Ne are pe noi", îmi răspundea.

Când îi spun că pentru copil divorțul părinților va fi dureros, îmi răspunde că mă folosesc de copil ca să fac presiuni asupra lui, că mă strădui din toate puterile să îl schimb, că el are conștiința curată în fața copilului, eu fiind cea care vorbesc de divorț. Pe el îl aranjează total relațiile dintre noi, după părerea lui eu sunt cea care stric familia. „Tu vrei să le spui la toți că te-am lăsat!" Îi zic: „Nu; toată răspunderea pentru divorț stă pe umerii mei." El este mulțumit de acest răspuns.

Mă străduiesc să vorbesc cu el simplu și cald, cum i-aș vorbi unui prieten. „Mă doare foarte mult că te porți cu mine așa", zic eu. „Știu. Tu crezi că eu nu am suflet? Înțeleg tot. Nu am să-ți fac nici un reproș. Ești un om foarte bun (asta e fraza lui favorită)." „Tu de ce trăiești cu mine?" „Din pricina copilului." „Dar cum mine cum rămâne? Eu nu sunt numai om, sunt femeie." „Dacă nu-ți place, divorțează!" Și tot așa, de atâția ani.

Iar pe urmă, după ce discutăm, se alintă pe lângă mine, începe să mă amuze ori cumpără ceva, chiar și flori. Înainte mușcam din nadă. Acum nu. Avem o problemă serioasă, iar el se poartă ca un clovn.

Sunt o soție pe care soțul n-o iubește, dar de care nu vrea să divorțeze, din pricina copilului. *(Delfina)*

*21 iunie*

Delfina, căsnicia dumneavoastră, cred eu, nu poate fi o greșeală. Dumnezeu a îngăduit-o, și ca atare aveți nevoie de ea (cum ați spus și singură). Cea mai mare problemă pe care o aveți (poate că mă înșel, dar așa văd eu din scrisorile dumneavoastră) este lipsa apropierii fizice. Credeți-mă, asta nu merită să vă consumați nervii, se poate și fără asta. Nefrământându-vă din această cauză, o să vă păstrați sufletul.

Dumnezeu să vă ajute! *(Vica)*

*21 iunie*

Într-o asemenea situație întotdeauna se ridică problemele următoare.

1. Ce vreți? (Nu soțul, ci dumneavoastră).
2. Aveți ceea ce vreți?
3. Ce sunteți gata să faceți ca să aveți ceea ce vreți?

*21 iunie*

1. Vreau să am o familie solidă și unită! Vreau să petrecem timpul împreună, să avem prieteni comuni, seri în familie ș.a.m.d.

2. Nu am toate astea...

3. Ca să spun drept, nu știu... O să pot influența cumva relațiile care s-au creat între mine și soțul meu? Ce trebuie să fac? *(Delfina)*

*21 iunie*

Asta vor toți. Știți pe cineva care să nu vrea o familie solidă și unită, relații calde, seri în familie? Și totuși... Au parte toți de asta? Mi se pare că fericirea nu poate să dea peste noi chiar atât de simplu...

Ce puteți să faceți? În primul rând, încercați să nu mai suferiți și să nu vă mai chinuiți, înțelegând că soțul dumneavoastră este alegerea pe care ați făcut-o în mod conștient.

Ce se întâmplă? În capul nostru este o anumită imagine a vieții de familie ideale. Ne măritām cu un om care și el are imaginea lui. Această imagine poate să nu coincidă cu a noastră, nu-i așa? Probabil că nu ați vrea ca cineva să încerce să vă refacă după propriul calapod. Nici soțul dumneavoastră nu vrea asta.

Fiecare din noi are propriul său model de viață familială.

După toate aparențele, dumneavoastră sunteți gata să vă schimbați, dar soțul dumneavoastră nu este.

Așadar, schimbați-vă – dar fără așteptări, fără pretenții lăuntrice sau exteriorizate. De asta aveți nevoie! Pe el și așa îl aranjează totul. Pregătiți-vă sufletește să nu primiți nici un sprijin din partea soțului. Ca atare, faceți apel la Dumnezeu! El vă va sprijini negreșit!

Încă ceva... Străduiți-vă ca tot ce faceți să faceți cu satisfacție! Găsiți aspectele pozitive din efortul dumneavoastră interior!! Încă o dată succes și toate cele bune. *(Vica)*

*21 iunie*

Ați remarcat absolut corect că:

1. Eu și soțul meu avem concepții diferite despre familie. Pentru mine asta a fost un fel de revelație.

Mi-am dat seama de acest lucru.

2. De lipsa apropierii fizice am suferit înainte (nu fizic, ci emoțional, mă simțeam înjosită și călcată în picioare). Acum știu că nimeni nu moare de lipsa acestei apropieri.

3. Ei bine, în privința suferinței ați nimerit în plin. Nu trăiesc, ci sufăr! Arăt tristă și nefericită, mai ales când soțul meu este prin apropiere.

Și, aveți dreptate, el nu se va schimba! Vă mulțumesc pentru excelenta definiție „nu veți avea nici un sprijin din partea soțului". În privința asta aveți dreptate! Trebuie să conștientizez acest lucru. Și să-l accept!

Vă mulțumesc! M-ați ajutat să îmi explic multe lucruri. Voi putea, oare, să regăsesc bucuria vieții? Cred că da! *(Delfina)*

*21 iunie*

O să puteți! Doar vreți acest lucru. Gândiți mai mult pozitiv. Bucurați-vă de copilul pe care-l aveți. Mulțumiți lui Dumnezeu pentru lecțiile și oamenii pe care vi-i trimite. Totul o să fie bine! Neapărat.

Cred că o să întâlniți neapărat oameni buni nu numai pe forum, ci și în viață. Trebuie doar să vă întoarceți către oameni cu fața. Plimbați-vă cu copilul, comunicați, citiți, mergeți în parc, la teatru, și ce mai vreți. În general, trăiți o viață plină! Sunt convinsă că și soțului dumneavoastră îi veți plăcea așa, maturizată. Imediat ce veți înceta să mai suferiți și să vă chinuiți, începând să vă bucurați de viață, schimbările nu se vor lăsa așteptate. Ce-i drept, sunt posibile variantele următoare:

1. Soțul vă va aprecia când vă va vedea de sine stătătoare.
2. Soțul nu vă va aprecia și vă va lăsa.

Totul e în mâinile lui Dumnezeu... Aveți însă dreptate că trebuie să schimbați ceva.

Eu vă susțin. Dumnezeu să vă ajute! *(Vica)*

*21 iunie*

Apropo, soțul meu mi-a spus în repetate rânduri că vrea să fiu mai independentă: să conduc mașina, să lucrez, să mă îmbrac după ultima modă. Or, eu îmi băgasem în cap că trebuie să mă „dizolv" în el, ca și cum n-aș mai exista independent, că doar el e capul! Iar după aceea, mai târziu, am înțeles că trebuie să am viața mea, însă mă temeam să-l scap de sub controlul meu, că dacă o să mă înșele! Însă și așa a făcut tot ce a vrut, ori că am fost aproape, ori că am fost departe. *(Delfina)*

*21 iunie*

Aveți încredere! În dumneavoastră, în soț... Și, principalul, aveți încredere în Dumnezeu.

Da, vă înțeleg. Știu, de asemenea, că ușor nu va fi. Biruința asupra ta – asupra propriilor patimi, rătăciri, greșeli – este însă atât de plăcută, atât de grozavă! Să știți și să vă amintiți totdeauna: mai mult decât putem îndura n-o să ni se dea, și tot ce nu ne omoară ne face mai puternici. Vă doresc putere și bărbăție! *(Vica)*

*21 iunie*

Delfina, subscriind la sfatul Vicăi privitor la schimbarea propriei atitudini, vreau să-l dezvolt puțin. Mi se pare că în cazul dumneavoastră ar trebui, ca să zic așa, să faceți din nou cunoștință cu soțul dumneavoastră, adică este nevoie de o nouă Delfina, care să-și uimească soțul:

1. Independentă și încrezătoare în sine (însă de Dumnezeu să nu uităm).

2. Cu noi talente și capacități, necunoscute mai înainte: practice, organizatorice, artistice – nu are importanță care anume. Domnul o să vă dea inspirație, le veți găsi, o să vă mirați singură.

3. Ca femeie stilată, sportivă și sigură pe ea. Fixați-vă această sarcină în primul rând.

Nu lăsați deprimarea să vi se vâre în suflet.

Și, desigur, rugați-vă, siliți-vă, chiar și atunci când nu simțiți că aveți credință, chiar și când nu vă vine (cel mai des tocmai că nu îți vine, știu asta din proprie experiență).

Soțul dumneavoastră va fi surprins, fără îndoială. El s-a deprins cu dumneavoastră banală, nouă încă nu vă știe. Să fie surprins, să îi pice fața (scuzați de expresie), să vrea să facă cunoștință cu dumneavoastră cea nouă! Iar dumneavoastră, frumoasă, nouă și dorită, vă veți vedea deja cu alți ochi. Dragostea, bineînțeles, e un sacrificiu, dar este și ceea ce ne face puternici. Domnul să vă ajute! *(Taisia)*

*22 iunie*

Mulțumesc! Neapărat o să aplic sfatul dumneavoastră. Chiar mă gândeam la talentele mele, iar dumneavoastră ați subliniat asta; și în privința rugăciunii aveți dreptate. Este foarte important! Ca pâinea și aerul! *(Delfina)*

*25 iunie*

Bună ziua tuturor! Astăzi se împlinește o săptămână de când mi-am expus durerea pe forum – și câte schim-

Acum sunt fericită! Fericită! Am înțeles și am conștientizat principalul: că doar credința în Dumnezeu ne face fericiți. Poate că soțul meu va hotărî să mă părăsească ori se va întâlni în continuare cu fata aceea. Nefericită nu voi mai fi. În toate este voia lui Dumnezeu!

Vă gândiți, probabil: „Cum de a devenit credincioasă atât de repede?" Din păcate, nu am devenit repede! Demult căutam sensul vieții, am citit mult, am mers la psiholog de câteva ori, dar nimic nu m-a mulțumit. Acum însă, prin soțul meu, prin infidelitățile lui, am ajuns la înțelegerea sensului vieții. Repet din nou: nu trebuie să te grăbești cu divorțul dacă te doare inima când te gândești la el.

Apropo, mama și sora mea nu mă înțeleg și insistă să divorțez, pe când tatăl și fratele meu spun că procedez bine. Iar eu îmi ascult inima și mă rog, căci doar îmi iubesc soțul, și el mă iubește... Și iubirea mea, cu ajutorul lui Dumnezeu, va da trăinicie căsniciei noastre. Cum? Voi face totul pentru ca soțul meu să se simtă cap al familiei noastre, iar eu îi voi fi ajutoare...

Asta nu înseamnă că o să uit de mine însămi, nu. Am prietene bune, cu care o să mă întâlnesc, m-am înscris la cursuri de limbă străină, am început să fac jogging în parc. Am o mulțime de treburi, când să le fac pe toate? E atât de interesant să trăiești!

Încă ceva. Soțul meu a vrut dintotdeauna să duc o viață interesantă. Nu este un tiran care să ceară de la mine să-mi uit visele și dorințele. Eu singură m-am închis în cușcă! Și aveți dreptate că trebuie să mă strădui să mă schimb, să-mi dezvolt talentele, să am hobby-uri ș.a.m.d. Într-adevăr, la ce-i trebuie soțului meu o asemenea căsnicie? Mă iubește! Dar de ce mă înșală? Dar cum să mă facă altfel să înțeleg?! L-am iertat... *(Delfina)*

*27 iunie*

Sunteți o femeie inteligentă, țineți-o tot așa. Vă doresc succes în tot ce întreprindeți și Dumnezeu să vă ajute! *(Maria)*

*27 iunie*

Ce bine e să vezi cum oamenii vor să-și îndrepte greșelile! Ce bine e când în familie se întorc armonia și pacea!

Este plăcut să îți dai seama că oamenii înțeleg că totul este în mâinile lui Dumnezeu și că noi înșine ne croim destinul!

Mergeți pe această cale, dragă Delfina! Dumnezeu să vă ajute! *(Vica)*

*22 iulie*

A trecut mai mult de o lună de când am decis să nu divorțez de soțul meu. În această lună în viața mea s-au petrecut multe schimbări.

Trebuie să spun că am hotărât să mă schimb pe mine însămi – nu pe soțul meu, pe mine însămi...

Și de la el nu aștept laude, aprobări, știu eu ce fel de gesturi. Așa am hotărât!

Și așa am procedat în acest răstimp. M-am rugat, m-am spovedit, am citit, am învățat (și învăț) să iubesc liniștit, lin, așa cum ne învață sfinții. Ca să primești dragoste, trebuie să iubești mai întâi tu!

Rezultatul a fost că eu și soțul meu am început să discutăm, să discutăm mult... despre viață, despre credință, despre Dumnezeu, despre păcate, despre noi! Inițiativa a pornit de la el, eu nu i-am impus discuția, a început singur să întrebe de ce m-am schimbat așa. Am început să ne privim în ochi! Am început să ne împărtășim cele întâmplate în timpul zilei! După ce vine de la serviciu luăm masa împreună, bem ceai împreună, ne uităm la televizor împreună. A început să se plimbe cu fetița în curtea blocului, și cea mai mare parte a timpului o petrece acasă. Deocamdată așa se desfășoară viața mea! Îmi vine ușor să nu fac reproșuri, să nu mă supăr, să nu mă înfurii: nu am loc pentru asta în suflet, acolo este dragoste! Nu o să mă vâr în sufletul lui cu întrebări de genul: „Te-ai căit, ți-ai dat seama de păcatul tău?" Hotărârea asta trebuie să o ia singur. Și în sufletul lui are loc un efort nevăzut de schimbare. Ce o să fie în continuare? După rugăciunea și osteneala mea, așa o să și fie.

*11 septembrie*

Bună ziua! În familia noastră domnesc pacea și bucuria! Soțul meu a început chiar să vorbească despre un al doilea copil!

Am mai avut căderi, când mă deznădăjduiam și plângeam, când mi se părea că totul e în zadar, că nu mă iubește... când nu aveam putere să mă rog – dar silindu-mă, plângând, mă rugam. Îmi recăpătam puterile, în cap mi se restabilea ordinea. Piedici și greutăți am întâmpinat foarte multe – atât exterioare, cât și lăuntrice. Asta însă nu mă mai sperie.

Lucrul cel mai uimitor este că soțul a întâmpinat cu bucurie schimbările mele, parcă toți acești ani ar fi așteptat dragostea mea.

Istoria mea este într-adevăr uimitoare: acum câteva luni eram gata să mă despart de soțul meu și să încep o viață nouă, iar acum mă bucur că nu s-a întâmplat asta.

Totdeauna am crezut că nu este cu putință să-ți ierți soțul că te-a înșelat, că după așa ceva trebuie neapărat să urmeze divorțul, că cel ce a păcătuit trebuie pedepsit.

Despre dragoste aveam o concepție luată din cărți, din reviste, din filme, și anume că dragostea e o patimă, când nu poți să dormi, să mănânci, când te gândești doar la „el", faci totul pentru „el", și „el" te iubește la nebunie. Cu o asemenea concepție despre dragoste îmi așteptam ursitul. Cu o asemenea dispoziție sufletească m-am măritat.

Despre faptul că dragostea înseamnă răbdare și purtare a greutăților nu știam, nu înțelegeam asta.

Or, greutățile au început imediat după măritiș... Dar unde este dragostea, unde este patima? Unde sunt florile și unde e admirația? Unde sunt plimbările sub clar de lună? Au început chinurile mele. De la soțul meu așteptam una și primeam cu totul altceva. Nu puteam înțelege de ce, că doar aveam cerințe îndreptățite: să vină la timp acasă, să-și petreacă timpul liber acasă, să organizeze seri romantice, să țină cont de părerea mea ș.a.m.d. Și atunci, de ce s-a răcit față de mine, de ce ne certăm, de ce mi-e așa de rău? A început să apară gândul la divorț, să mi se pară că am greșit în alegerea soțului. Mi se părea că o să-mi schimb soțul și o să-mi găsesc fericirea alături de altul, că doar o merit.

În tot acest răstimp citeam cum trebuie să se comporte o soție înțeleaptă, cum trebuie să-și captiveze bărbatul ș.a.m.d. Am întreprins tot felul de tentative pentru a repara relațiile dintre noi: îmi schimbam coafurile, cumpăram lenjerie intimă atrăgătoare, mă îmbrăcam după ultima modă – totul așa cum sfătuiesc „cunoscătorii".

Toate aceste transformări exterioare nu au schimbat nimic în relațiile dintre noi.

Că mă înșală știam deja sigur. Ieșirea era una singură: divorțul.

Nu ştiu de ce, dar de la gândul acesta mi se făcea şi mai rău... Îi era rău şi lui.

Am început să mă rog, să merg câteodată la slujbă.

Fără să mai trag vreo speranţă, am hotărât să-mi scriu istoria aici.

Sfaturile oamenilor m-au ajutat să înţeleg că pot să-mi salvez căsnicia schimbându-mă pe mine însămi. Mai mult decât atât, mi s-a arătat cum pot să mă schimb.

Prin rugăciune şi Taine, citind cărţi duhovniceşti, mi-am dat seama care este menirea mea.

Când mintea mea s-a eliberat de clişee, de concepţiile false despre dragoste, despre rolul soţiei în familie, am văzut subit ce soţ bun am. Am fost literalmente şocată de faptul că are simţul umorului, că se poate ocupa de fiica sa, că îmi respectă părinţii, că îşi ajută prietenii. Am trăit cinci ani cu el şi nu-l cunoşteam deloc!

S-a dovedit că singură mă distrugeam pe mine însămi şi îmi distrugeam şi familia. S-a dovedit că fericirea nu depinde de soţul pe care-l am, ci de cum sunt eu.

Ortodoxia m-a învăţat cum trebuie să iubesc, ce înseamnă să fii femeie-ajutoare. De la Dumnezeu cer: „Nu mă părăsi!” *(Delfina)*

*Partea a II-a*

# CONVORBIRI CU DUHOVNICI ȘI PSIHOLOGI

# Familiile se sparg de egoism

MIHAIL HASMINSKII, PSIHOLOG DE CRIZĂ

– *Mihail Igorevici, ce credeți, de ce în ziua de astăzi se destramă atât de multe familii?*

– De ce se strică clădirile, edificiile, casele construite prost? Fiindcă... au fost construite prost. Haideți să ne punem întrebarea: de ce este nevoie pentru a clădi o casă bună și trainică? Bineînțeles, dorința și fanteziile despre cât de minunată va fi casa nu sunt de ajuns. Trebuie ca la început să fie făcută o schiță, după aceea un proiect care să includă toate calculele, trebuie estimată calitatea și cantitatea materialelor, rezistența construcțiilor. După aceea, începem să facem o temelie trainică, să tragi apă, gaz, curent, să faci structurile de rezistență ș.a.m.d. La urmă, vom aranja comod mobila, ne vom crea condiții confortabile.

Or, familiile contemporane cum se întemeiază? S-au întâlnit doi oameni, s-au plăcut, au început să viseze și au hotărât să zidească o casă bună și frumoasă. Calcule, schițe nu s-au apucat să facă, fundament n-au pus, n-au decât năzuința de a trăi frumos. Pe lângă asta, constructorii sunt beți de simțuri. Ați văzut vreodată constructori beți? Nu trebuie să ne mirăm dacă în cele din urmă construiesc o casă îngrozitoare. Bine, ei poate chiar cumpără mobilă și decorațiuni interioare frumoase, potrivit cu fanteziile lor – dar casa nu are temelie, și în cele din urmă, desigur, se prăbușește...

Familia are legile ei. Până și tâmplarii, care fac taburete de lemn, își au regulile lor – iar legile întemeierii familiei sunt mult mai complexe...

Uitați-vă: suntem înconjurați de surogate. Mâncăm salam în care nu este nici o picătură de carne, ne uităm la filme în care nu este nici o picătură de sens, ascultăm muzică în care nu este nici o picătură de armonie. Iar după aceea ne mirăm că și sentimentele noastre sunt la fel. Nici nu mai știm cum ar trebui să fie!

Totodată, credem că dragostea adevărată trebuie singură să ne pice din cer. Nu! Lucrul acesta e imposibil. Autenticul este scump. Ca să îl ai trebuie să depui enorm de multe sforțări. Și noi suntem mult mai preocupați să PĂREM decât să FIM. Cu toții semănăm cu salamul în care sunt tot felul de înlocuitori, potențiatori, reglatori de aciditate, coloranți, dar în care nu este carne. În schimb, salamul cu pricina are un ambalaj trăsnet.

*– Dar cum să deosebim sentimentele adevărate de cele false?*

– Sentimentele adevărate aduc bucurie adevărată, nu ca la narcomani, care se bucură doar când și-au luat porția de narcotic, iar în rest îi chinuie sindromul de abstinență.

Dragostea adevărată e jertfă. Mama își salvează copilul și își sacrifică viața, soldatul merge la moarte pentru a salva Patria. Hristos Se răstignește pentru toți oamenii! Vedeți, tocmai aceasta este adevărata Dragoste. Uite-o: jertfa de bunăvoie pentru celălalt! „Jertfă" şi „dragoste" sunt sinonime.

Dacă îmi sacrific pentru celălalt timpul, forţele, dorinţele, posibilităţile fără să cer nimic în schimb, de bunăvoie, fără absolut nici un interes egoist, iubesc. Pur şi simplu vreau să fac pentru acel om tot ce îmi stă în puteri. Aceasta este Dragostea! Iar dacă şi el are faţă de mine aceeaşi atitudine, este o Dragoste reciprocă! Şi această Dragoste este milostivă, nu caută ale sale (v. I Cor. 13, 5).

Toate celelalte sunt surogat, aparenţă de dragoste, iar prin conţinutul interior – patimă banală. Toate aceste oftaturi, exaltări, dependenţe nu sunt Dragoste. Sunt antidragoste şi patimi.

Mulţi vor spune că în vremea noastră Dragostea adevărată este de neatins, că este un vis idealist, cu neputinţă de împlinit. Nu-i adevărat. Dragostea autentică poate fi cultivată lăuntric, poate fi întâlnită, putem creşte până la măsura ei. Pentru asta însă trebuie să omorâm în noi egoismul, care ne face orbi, pentru că egoiştii se văd numai pe ei înşişi.

*– Multora le vine greu să-şi recunoască egoismul. Unii se consideră buni, alţii nu au despre egoism o concepţie corectă. Cum ne putem da seama de „stadiul bolii"?*

– În fiecare dintre noi este egoism din belşug. Ca să înţelegem asta, trebuie să fim cinstiţi cu noi înşine. Indicatorul egoismului este nivelul nostru de jertfelnicie. Cu cât facem mai mult pentru ceilalţi oameni, cu cât ne străduim mai mult să îi ajutăm, cu cât simţim mai mult nevoia de a dărui ceva celuilalt, cu atât este mai puţin egoism în noi. Atâta doar că trebuie să luăm în considerare următorul lucru: trebuie să facem toate acestea pentru oameni fără a aştepta plată, din inimă curată, fără a spera că celălalt ne va fi recunoscător sau obligat pentru ceea ce am făcut. Trebuie pur și simplu să dăruim, să dăruim celorlalți.

Iar acum fiecare poate privi înăuntrul său și vedea că nu-i în stare să jertfească nimic. Toți pot să muncească, însă pe bani; toți pot dărui, dar vor aștepta un cadou în schimb; toți pot da milostenie, însă una atât de sărăcăcioasă, încât pur și simplu nu are pentru noi vreo însemnătate (dăm mărunțiș, ca să nu ni se facă găuri în buzunare), toți își sacrifică timpul și puterile pentru altcineva, dar se așteaptă să primească nu mai puțin decât dau. Iar dacă suntem lipsiți de ceva, ne amărâm și ne supărăm. Nu putem face din inimă curată nimic, fiindcă nu avem inimă curată. Inima noastră este murdară de trufie.

Treapta egoismului mai poate fi determinată și după cantitatea pretențiilor noastre față de cei din jur.

Pretențiile sunt diametral opuse jertfelniciei. Cu cât emitem mai multe pretenții față de oameni, cu atât mai puțină Dragoste și cu atât mai mult egoism se află în noi.

Toți cei din jur ne sunt datori: medicul – să ne trateze, chelnerul – să fie atent, copiii – să fie ascultători, părinții – să fie reținuți, șeful – să fie bun și înțelegător, politicienii – să fie înțelepți, judecătorii – să fie drepți... Numai noi nu suntem datori nimănui cu nimic. Chiar dacă facem ceea ce suntem datori să facem, cârtim că este foarte greu, că ne ia o mulțime de timp, că ne e neplăcut, că plata este mică ș.a.m.d.

*– Există o părere răspândită, potrivit căreia dacă vei sacrifica mult pentru ații vei rămâne cu nimic. Poate că unii pur și simplu nu înțeleg cum vine asta, să dăruiești fără să aștepți nimic în schimb. Dacă o să avem nevoie chiar noi de lucrul pe care-l dăm?*

– O asemenea abordare ne lipseşte de Dragostea autentică. Spuneţi-mi, mulţi îi iubesc pe lacomi?

*– Bineînţeles că nu! Sunt iubiţi cei darnici.*

– Tocmai. Omul lacom ia, adună pentru sine, dar nu e în stare să împartă, să jertfească. El poate fi linguşit, i se pot acorda onoruri, poate fi răbdat, i se pot face complimente făţarnice, însă nu va fi iubit, pentru că nici el nu iubeşte pe nimeni.

*– Vreţi să spuneţi că nu putem dobândi nimic până când nu învăţăm să jertfim?*

– Da. Închipuiţi-vă că aveţi o cutie în care vă păstraţi tot ce aveţi mai important şi că ea este plină ochi cu nimicuri de care nu aveţi nevoie. Ce-i drept, vi se pare că acolo sunt lucruri necesare, indispensabile. Uite însă că aţi văzut un lucru frumos şi cu adevărat indispensabil – de pildă, un lingou mare de aur. Vreţi să îl luaţi, dar nu aveţi unde să-l puneţi. Locul e ocupat. La început trebuie să faceţi loc, să sacrificaţi acele „comori", care le pot fi de folos altora, dar nu puteţi face asta. Vă împiedică egoismul, aşa că rămâneţi cu ce aveaţi.

Gândiţi-vă: cine îi va da lucruri de valoare unui om care nu face decât să le ascundă la el? Lucrurile de valoare li se dau celor care ştiu să dispună de ele, nu să le păzească sub şapte lacăte. Dacă omul s-a deprins să dăruiască dragoste, talente, bani, bine, Dumnezeu îi va dărui acestea tot mai mult şi mai mult. Dacă va fi zgârcit, lumea îi va răspunde cu aceeaşi monedă.

*– Tuturor li se pare însă că dau cât pot sau că pur şi simplu n-au ce să dea.*

– Haideți să ne uităm: câți oameni – bolnavi, bătrâni, copii –n-au nevoie de atenția, de grija noastră? Și nu avem timp de ei! În schimb, pentru shoppinguri, pentru chefuri, pentru cluburi, pentru chaturi pe messenger, pentru filme stupide, pentru televizor avem o căruță de vreme. Haideți să recunoaștem cinstit că nu timpul ne lipsește, ci dorința de a ne jertfi timpul.

După cum se știe, n-avem nici bani. Pentru cei aflați în nevoie, pentru fapte bune nu îi putem găsi. Dacă putem găsi, găsim un mărunțiș prăpădit. În schimb, pentru haine, pentru concedii scumpe, pentru terase, restaurante, cluburi, telefoane de ultimă generație, mașini, apartamente și vile găsim. Dacă cineva ne va cere să renunțăm la zece procente din avere în scopul ajutorării aproapelui, carității și milosteniei, vom înnebuni, ne va părea rău, poate chiar vom plânge! Care dintre noi este gata să renunțe la zece procente din averea sa? Or, Dumnezeu în Biblie cere să facem asta! Nu Îi dăm, dar de cerut cerem de la El, vrem ca El să ne dea dragoste adevărată! Ce naivi suntem! Atâta timp cât nu vom începe să dăruim, nu vom primi nimic.

*– Uneori este greu să dai, ți se pare că îți sacrifici ultimul ban. Cum să căpătăm deprinderea de a jertfi? Cum să ne vindecăm de egoism? În general, este posibil lucrul acesta?*

– Trebuie să începem să-i observăm pe cei ce au nevoie de ajutor, și să îi ajutăm pe cât ne stă în putere. Atâta doar că trebuie să te uiți cinstit câte puteri ai, să nu te înșeli singur. Altfel, aceasta nu va fi jertfă. În familie trebuie să încetăm a mai socoti cine, cui și ce e dator să facă. Există încă o posibilitate: aceea de a lua parte la activitatea organizațiilor de voluntari care îi ajută pe dezmoșteniții sorții. Dacă dai bani, nu da o sumă de mizerie, ci una care pe tine te lipsește de ceva de prisos (nu însă de ceva indispensabil).

Totodată, nu trebuie să te mândrești că ai făcut o faptă bună. Trebuie ajutați mai mult cei ce trăiesc în apropierea noastră, în vecinătate. Trebuie neapărat să iertăm jignirile – și aceasta este o jertfă. Sunt și multe alte feluri de jertfă, nu le poți înșira pe toate.

*– Probabil că multora le vine greu să facă asta.*

– Trebuie să te înveți, dacă vrei Dragoste adevărată.

*– Mihail Igorevici, spuneți-ne, în ce constă adevăratul sens al familiei?*

– Spuneți-mi, de ce alpiniștii nu merg în munți de unul singur, ci în perechi?

*– De unul singur este prea greu. Dacă se întâmplă ceva, n-are cine să te ajute.*

– Exact. De unul singur n-ai sprijin, n-ai ajutor, nu te asigură nimeni. De unul singur în munți este foarte primejdios, foarte nesigur. Dacă omul merge singur în munți, probabilitatea de ascensiune reușită este foarte mică, în schimb este mare probabilitatea unei nenorociri. Și viața este o ascensiune către un țel. Ea este grea, primejdioasă, cere eforturi multe. Este mai ușor de realizat în doi.

Tocmai așa privește creștinismul sensul căsătoriei. El afirmă: căsnicia este zidire. Doi oameni se zidesc unul pe celălalt, adică se sprijină reciproc pe această cale grea către un scop comun, se ajută din răsputeri în ascensiunea aceasta. După aceea se nasc copiii, care trebuie, la rândul lor, să facă ascensiunea aceasta – și atunci părinții își sprijină copiii pe această cale. După aceea, părinții devin bătrâni, neputincioși, și copiii îi sprijină la fel cum i-au sprijinit pe ei părinții când erau mici. Iată sensul: toți împreună, pe calea spre scopul comun, prin greutățile din drumul spre vârf.

– *Soții trebuie să împărtășească perspectiva asupra problemelor fundamentale?*

– Oamenii se înșală atunci când consideră că poți să întemeiezi o familie pur și simplu pentru că cineva ți-a plăcut ca înfățișare sau mai știu eu cu ce, pentru că este interesant, bun în relațiile intime, pentru că vrei copii de la el, pentru că e bogat ș.a.m.d. Frumusețea exterioară poate trece, atracția fizică poate dispărea, celălalt poate deveni neinteresant, sentimentele nu mai sunt atât de puternice, sexul nu mai este atât de intens, copiii cresc și pleacă, de altfel pot chiar să moară – și ce se întâmplă după aceea? În familiile clădite pe o temelie atât de slabă va crește treptat iritarea reciprocă, soția poate începe să-l „toace la cap" pe soț, ceea ce în ultimă instanță duce la despărțire. De asta sunt atât de multe divorțuri. De ce înainte de comunism aproape că nu existau divorțuri? Fiindcă exista scopul, și el era autentic. Și familia se construia pe un fundament foarte trainic.

Singurul fundament pe care se poate clădi o familie trainică este a năzui să ajungi împreună la Dumnezeu la sfârșitul vieții, a te uni, a deveni un singur trup, a ajunge împreună la bătrânețe. Familia este o maturizare duhovnicească în comun, care nu poate fi posibilă fără anumite greutăți.

Lucrul acesta trebuie conștientizat. Când omul își dă seama de necesitatea acestei maturizări, la bătrânețe culege roade magnifice. Înțelegerea acestui fapt trebuie să existe la amândoi soții. Aceștia trebuie să aibă un scop comun, către care trebuie să meargă împreună, mână în mână. Dacă scopul acesta nu există, căsătoria e sortită eșecului.

În orice întreprindere trebuie să existe un scop: la război este un scop, la muncă – un al doilea, în familie – un al treilea. Viața este într-un anumit sens război, nu plăcere și distracție permanentă. Or, în ziua de astăzi pentru mulți căsătoria e o distracție. În condițiile unei asemenea abordări însă, lipsurile partenerului de viață se hipertrofiază treptat, devenind o „bârnă în ochi" – și uite că deja amândoi cad de acord că nu se potrivesc, că sunt prea diferiți. Oamenii nu înțeleg că trebuie să se schimbe în primul rând pe ei, nu pe celălalt.

Familia este un efort, dar un efort foarte fecund. Viața în căsnicie înseamnă răbdare reciprocă, dragoste reciprocă, strădiunța de a deveni mai buni și de a îmbunătăți relațiile dintre noi și soții noștri sau soțiile noastre. Deseori aud: „Dragostea noastră a dispărut, totul s-a spulberat." Dar dacă nu aveți un scop comun, acesta este sfârșitul, fiindcă nu aveți scop și nu aveți dorința de a reface totul, v-ați săturat unul de celălalt. Or, trebuie să ne dăm seama, să ne reevaluăm sistemul de valori, să trecem la un nou nivel al relațiilor conjugale.

Pare ciudat, dar înainte de comunism deseori nici nu se căsătoreau din dragoste, însă finalul era cu totul altul! Relațiile se întăreau și se îmbunătățeau, dragostea sporea, treptat venea și toleranța față de defectele celuilalt, oamenii trăiau împreună până la bătrânețe, treceau împreună prin ea. Întrucât exista scopul comun, nu existau bătrâni singuri, și de aceea nici nu erau azile de bătrâni.

*– În ziua de astăzi, puțini se hotărăsc să se căsătorească. În schimb, mulți vor să trăiască pentru ei înșiși. Este popular concubinajul. Ce părere aveți despre această temă?*

– Într-adevăr, în ziua de astăzi mulți vor să trăiască „pentru ei înșiși", să ia de la viață totul, ca să aibă mai târziu de ce să își amintească – și, după părerea lor, trebuie să ia cât mai mult și să dea cât mai puțin. Familia înseamnă răspundere. Răspunderea înseamnă necesitatea de a rupe de la tine și a „depune" în tezaurul comun al familiei. Ei, și tocmai asta nu vrem noi să facem. Ne împiedică egoismul, temerile, neînțelegerea sensului întemeierii familiei. Bineînțeles că nimeni nu recunoaște asta, ci toți inventează pretexte de tipul „la început trebuie să ne punem pe picioare material", „trebuie să ne convingem că ne potrivim, să ne rodăm" ș.a.m.d. De acești oameni trebuie să ne fie milă. Ei caută pur și simplu senzații plăcute, sentimentul fals de confort, lipsa responsabilității, însă în felul acesta nu primesc sentimentele și dragostea cu adevărat profunde și autentice. Teama de căsnicie înseamnă, de asemenea, lipsa dorinței de maturizare duhovnicească, teama de ea, amânarea ei.

În ce privește concubinajul, acesta reprezintă mai degrabă urmarea propriei iresponsabilități și neîncrederi față de partener. „Trăim împreună, dar eu am lăsat ușa întredeschisă, ca dacă apar greutăți să o șterg englezește, cu pierderi minime pentru drăguțul de mine."

*– Deseori, oamenilor li se pare că au tras învățămintele necesare din căsnicia precedentă și că în cea nouă vor păși deja mai experimentați...*

– Căsătoria a doua poate dezamăgi și mai mult în viață. Ca psiholog care am avut de-a face cu un număr foarte mare de familii, pot afirma cu convingere că dacă o căsnicie – prima, a doua, a treia, a câta vreți – nu este construită pe temelia corectă, mai devreme sau mai târziu se va destrăma.

*– Dar dacă înainte erau căsătorii atât de trainice, înseamnă că și în ziua de azi te poți căsători fără să iubești?*

– Ceea ce am spus nu înseamnă în nici un caz că este normal sau că trebuie să te căsătorești fără să iubești. Înainte, adeseori nu exista alegere. Adeseori, fata era pusă în fața faptului împlinit: „Uite-l pe viitorul tău soț..." Acum există posibilitatea alegerii... dar cum vă imaginați, în general, dragostea? Ce este dragostea pentru dumneavoastră? Și ce este patima? Oamenii confundă adeseori aceste două noțiuni.

*– Mie mi se pare că patima este o pornire de o clipă, care precum s-a aprins, așa se și stinge.*

– Patima poate să țină ani de zile, dar în cele din urmă trece. Dragostea adevărată nu pleacă niciodată și nicăieri. Ea rămâne cu omul până la sfârșitul zilelor lui. Există perioade de anumită răcire, cărora le urmează perioade de însuflețire. Lucrul acesta trebuie înțeles și acceptat ca un dat, fără să ne panicăm prematur.

Dragostea poate fi distinsă de patimă prin jertfelnicia de care sunteți gata pentru cel iubit, când vă este mai plăcut să dați decât să luați; dragostea este sentimentul tandreței față de partener, atitudinea grijulie a unuia față de celălalt. Dragostea nu este exaltare permanentă, oftaturi pătimașe. Mulți soți consideră că atunci când trece perioada romantică odată cu ea trece și dragostea. Acesta este un punct de vedere greșit. Dragostea autentică cere conștientizarea responsabilității pentru celălalt (lucru care, dacă iubești cu adevărat și apreciezi viața în mod sănătos, matur, nu este nicidecum o povară și în el nu este nimic de speriat). Dragostea autentică cere anumite sacrificii, în sensul sănătos al cuvântului. Într-un fel, acest sentiment poate fi comparat cu dragostea maternă, când iubești nu pentru ceva anume, ci pur și simplu iubești, fără a încerca să-l schimbi radical pe om.

La înțelegerea scopurilor căsniciei unii ajung treptat, după divorț sau după o criză sufletească. Dacă această înțelegere, această reevaluare a vieții se petrece la ambii soți, căsnicia cunoaște o a doua tinerețe, apare posibilitatea de a clădi o familie fericită. Relațiile trec la un nou nivel calitativ.

*– Dar dorința de a avea copii de la omul iubit nu este un scop?*

– Trebuie să înțelegem că și copiii sunt muritori. Și ei își vor întemeia cândva propriile lor familii, vor părăsi familia părinților, vor îmbătrâni și vor muri. Copiii nu sunt scopul căsătoriei. În calea vieții, oamenii trebuie să se desăvârșească sufletește – da, făcând greșeli, dar recunoscându-le și trăgând concluziile; trebuie să biruie greutățile, să-și ajute copiii să se desăvârșească, să-i sprijine. Eu aș spune așa: copiii sunt un mijloc, un mijloc foarte necesar, însă nu scopul principal. Dacă acesta ar fi scopul, familiile fără copii nu ar mai avea nici un sens. Din fericire, lucrurile nu stau așa.

*– Eu am discutat cu tot felul de oameni. Toți mi-au spus că voiau o singură căsătorie și pentru toată viața, însă viața a hotărât altfel. „Ce ai fi vrut?”, mă întrebau. „Așa e cu toți.” Oare acesta nu este un scop: o singură căsătorie și pentru toată viața?*

– Nu, acesta nu este un scop. Ca să dau un exemplu, aveți scopul de a bea ceai. Cum îl veți bea – cu furculița, cu lingura, din ceașcă și așa mai departe – nu este scop, ci mijloc. Aşa cum am spus deja, scopul este unul: a ajunge la Dumnezeu, a te maturiza duhovniceşte, a învăţa să iubeşti. Desigur, este mai bine când omul se căsătoreşte o singură dată.

*– Divorţul este o traumă foarte profundă. Această situaţie poate, oare, să aducă şi ceva pozitiv?*

– Lucrul cel mai cumplit este că omul contemporan înţelege dragostea, căsnicia doar ca pe o plăcere. El nu acceptă suferinţele şi vrea să trăiască numai în satisfacţii. În biruinţa asupra suferinţelor există un mare sens, deoarece omul, învingându-le în mod conştient, se căleşte şi se desăvârşeşte. A trece prin suferinţă, a trage concluzii, a învăţa să fii jertfelnic înseamnă a depăşi propriul egoism şi a te înălţa la duhovnicie.

*– Spuneaţi că nu trebuie să fim sclavii propriilor sentimente. Nu este însă dăunător să ne refulăm emoţiile?*

– Este dăunător să ne refulăm emoţiile, însă acestea apar după ce am îngăduit sentimentelor să pună stăpânire pe noi. Ca să înţelegeţi mai bine, voi face o comparaţie cu mecanismul de la brichetă. Uitaţi-vă: dacă nu fac altceva decât să lovesc piatră de piatră nu se întâmplă nimic serios, doar scapără scântei – dar dacă începe să iasă gaz, vedeţi ce se întâmplă: apare flacăra. Fără emoţii, orice fricţiuni sunt nişte scântei care nu pun pericol, însă imediat ce dăm frâu liber emoţiilor începe incendiul. Aici este pericolul.

Probabil că aţi văzut nu o dată oameni beţi. Ştiţi prin ce se deosebeşte beţivul de omul treaz? Logica beţivului este „scoasă din priză", el este mânat de emoţii şi sentimente. Spuneţi-mi, aţi lua în serios părerea unui beţiv?..

*– Bineînţeles că nu!*

– Și atunci, de ce luați în serios un om aflat sub imperiul emoțiilor? Căci din punct de vedere practic este aceeași stare. În ambele cazuri, logica nu mai funcționează. Omul nu e stăpân pe sine... Așadar, este o sarcină a fiecăruia să învețe cum să nu permită lucrul acesta. Trebuie să învățăm să ne controlăm sentimentele. Se poate începe prin a înțelege unde este vrăjmașul și unde este prietenul, când putem da frâu liber sentimentelor și când este contraindicat categoric. Doar n-o să vă apucați să faceți foc de tabără în apartament, pentru că înțelegeți în mod logic cu ce se va sfârși asta. Și în familie este la fel. Nu merită să declanșați în casă un incendiu emoțional. Mai întâi trebuie să vă gândiți unde poate să ducă asta.

De obicei, astfel de sentimente puternice, „inflamabile", sunt stârnite în noi de trufie, egoism, orgoliu ș.a.m.d.

*– În anumite situații este, totuși, foarte greu să te stăpânești. Uneori simți că pur și simplu nu te poți controla.*

– Da, aceasta este o mare problemă. De fapt putem, însă nu vrem să ne controlăm emoțiile. Cel mai des nici nu înțelegem că trebuie neapărat să facem asta. Ortodoxia ne oferă o metodă foarte bună în acest scop. Ca s-o folosim, trebuie să înțelegem că adeseori sentimentele vin de la demoni, iar aceștia sunt mult mai puternici decât omul. După cum spunea Sfântul Teofan Zăvorâtul, „tocmai prin sentimente stăpânesc dracii asupra omului, care cu toate acestea visează că el e stăpân pe sine". Or, omul nu se poate descurca singur cu demonii, și cel mai des se lasă mânat de sentimente fără să le poată controla, chiar dacă înțelege că ar trebui neapărat să facă asta.

*– Dar cum să le facem față dacă sunt mai puternici?*

– Să vă dau un exemplu. Vă aflați noaptea pe un drum de țară. Întuneric beznă, nu tu felinare, nu tu nimic. Deodată, se apropie trei mașini cu geamuri fumurii, din care ies doisprezece tipi băuți. Ce faceți?

*– Fug... Deși înțeleg că e o prostie, fiindcă nu pot scăpa nicăieri de ei... Pe deasupra o să țip, deși înțeleg că și asta e inutil...*

– Păi da. O să facă cu dumneavoastră ce vor. Acum închipuiți-vă că sunteți în aceeași situație, dar că după dumneavoastră vin douăzeci de prieteni din OMON[1]. Se apropie trei mașini cu geamuri fumurii... Ies tipii băuți, dar nu-i văd pe prietenii dumneavoastră. Ce faceți?

*– Fug la cei din OMON sau îi chem în ajutor.*

– Corect. În această metaforă, cei din OMON sunt îngerii, care ne pot ajuta să respingem năvălirile bandiților-demoni, ale gândurilor și sentimentelor pe care le trimit aceștia. Trebuie să filtrăm sentimentele și gândurile, să înțelegem unde este prietenul și unde este vrăjmașul. Când l-ați recunoscut pe vrăjmaș, trebuie să vă rugați, să chemați în ajutor puterile care pot ține piept cu succes acestor sentimente și gânduri, care pot să ne apere, să ne salveze. Așadar, avem puterea de a nu ne lăsa pradă acestor emoții, de a nu aprinde în noi flacăra, de a nu ajunge la izbucnirea emoțională.

*– Se spune că sunt trainice căsniciile din calcul. Ce credeți în această privință?*

– Credeți-mă, am văzut căsnicii din acestea cu duiumul! Femeia se mărită pentru bogăția bărbatului. Știți însă că nu este nimic veșnic pe acest pământ. Astăzi, bărbatul

[1] Echipele speciale de intervenție ale miliției ruse *(n. tr.)*.

este pe cal, mâine, mă scuzați, sub cal. Boli, accidente, persecuții, faliment – se întâmplă tot felul de nenorociri. Și atunci? Femeia care s-a măritat pentru bani va pleca în cazul lipsei acestora, fiindcă de la soț ei îi trebuie bani, acesta e scopul ei: să ducă o viață de consum. La fel și cu bărbatul bogat: și-a cumpărat dragostea unui fotomodel. Mâine apare o nouă „miss", mai frumoasă, cu picioare mai lungi. El își părăsește soția. Cumpără una nouă... Sau poate că nu o părăsește, dar își găsește amantă sau amante. Și soția o să se împace cu asta, fiindcă s-a măritat nu pentru om, ci pentru bani. Și atunci? Unde vor ajunge? Credeți că vor fi fericiți în căsătorie?.. Alții se căsătoresc pentru apartament și buletin de oraș, dar apartamentul poate să-i trebuiască brusc unei rude. De alfel, așa se și întâmplă în cele mai multe cazuri. Și, iată, căsnicia este în pragul destrămării...

Eu obișnuiesc să compar sensul vieții și al căsniciei cu escaladarea unui munte. Acolo poți să ai de înfruntat tot felul de lucruri: și avalanșe, și furtuni. De unul singur, așa cum am spus deja, este foarte puțin probabil că-ți vei atinge ținta. Trebuie să iei pe cineva cu tine. Pe cine o să iei: pe cel frumos, pe cel cu picioare lungi, pe cel amuzant, pe cel bogat? Probabil că vei vrea să te însoțească un om care în primul rând este de nădejde, în care poți avea încredere, care nu te va lăsa la greu, care-ți va da o mână de ajutor, care va fi alături de tine întotdeauna... Și totuși, oamenii își aleg adeseori partenerul după alte principii. Sau merg, dar absolut fără nici un scop.

Ceea ce vreau să spun este următorul lucru: calculul este necesar, dar un altfel de calcul. De obicei, toți se gândesc la calculul material la întemeierea familiei, în timp ce ar trebui să se gândească la calculul duhovnicesc.

– *După părerea dumneavoastră, gelozia este o manifestare a dragostei? Dacă nu există gelozie înseamnă că nu există nici iubire?*

– Gelozia este tocmai lipsă a dragostei și manifestare a nesiguranței de sine.

– *Trebuie să ne controlăm soții (soțiile)? Există un mod sănătos de control?*

– Controlați trebuie copiii, invalizii, cei care nu se pot controla singuri, nu pot avea singuri grijă de ei și nu pot răspunde pentru ceea ce fac. Dacă soțul vrea să se simtă copil, da, poate că trebuie controlat, dacă asta îi place soției – însă ce fel de căsnicie este asta dacă unul e infantil și se teme să își asume răspunderea pentru sine însuși? În general, controlul presupune neîncredere. Dacă există dragoste, problema controlului cade de la sine. Fiecare dintre parteneri se controlează în mod responsabil numai pe SINE.

Trebuie să înțelegeți că sunteți singura responsabilă pentru viața dumneavoastră, pentru starea dumneavoastră duhovnicească și fizică, și că răspunderea nu poate fi aruncată asupra altuia, că nu este permis să-i dai motive partenerului tău, să-l silești să te controleze sau să îl lași să te controleze. Deopotrivă, nu aveți voie să vă luați răspunderea pentru altul, însușindu-vă dreptul de a-l controla.

Nu trebuie să-i ascultați pe alții, care în majoritatea lor nu înțeleg nimic din viață și nu pot să-și facă ordine în propria viață. Multe căsnicii cu adevărat fericite ați văzut la cei care vor să-și controleze partenerul de viață?

A-i lăsa omului libertatea alegerii este o manifestare a iubirii adevărate. Soțul (soția) are dreptul să aleagă și are dreptul să poarte în mod independent răspunderea pentru viața sa și pentru familie. Familia înseamnă dorința reciprocă de a fi împreună, dorința reciprocă de a investi în familie. Controlul de orice fel, gelozia, este o manifestare a egoismului și a dependenței nesănătoase. La un moment dat, în timpul unei noi crize, celălalt se va sătura de control și pur și simplu va fugi... Apropo, foarte rar întâlnești un om care e în stare să-i dea drumul soțului (soției) fără reproșuri, acuzații, scandaluri, ci dorindu-i binele și iertând. Pur și simplu să-i dea drumul. Aceasta este o manifestare a iubirii adevărate.

– *De ce uneori la început partenerul se îndrăgostește de tine pentru anumite calități, iar apoi aceleași calități încep să-l irite?*

– Știți în ce cazuri se întâmplă asta? Era o poveste, cu cineva care a ales în magazin, foarte meticulos, un costum, l-a măsurat îndelung, s-a sfătuit cu prietenii, i-a chemat până și pe părinți să se uite – iar după aceea poftim... Costumul i-a ieșit de la inimă: s-a dus, a făcut-o cu ou și cu oțet pe vânzătoare (viața, soția ș.a.m.d.): „Ah, nenorocito, ce mi-ai vârât pe gât? Nu mă mai aranjează lucrul ăsta: când l-am cumpărat îmi venea bine, dar după aceea s-a dovedit că de fapt nu mi se potrivește, nu-i pe măsura mea, nu e genul meu, de recroit nu-l pot recroi, de recusut nu pot să-l recos." I s-au schimbat omului cerințele. Omului îi stă în fire să vrea mai mult, iar cu cele vechi se obișnuiește, cu timpul nu i se mai par atât de bune. Dacă nu vede în soția sa o persoană, ci un lucru, dacă nu este ziditor al familiei, ci consumator, asta începe să îl irite, lucru întru totul firesc la o asemenea atitudine.

– *Ce înseamnă să investești în familie?*

– Înseamnă să investești emoțional, financiar, să-ți investești timpul. A petrece împreună vremea, a te relaxa împreună este, probabil, cea mai mică parte a „investiției" în binele comun.

– *Ce este trufia?*

– Trufia este cea mai rea dintre patimi. Practic, orice păcat are la rădăcina sa trufia. Omorul se întâmplă din pricina trufiei, pentru că cineva l-a socotit pe celălalt mai prejos de sine, s-a mândrit față de el; enervarea este urmare a trufiei, încercările de a-l schimba pe celălalt după propriul calapod, neiertarea sunt urmări ale trufiei, certurile, egoismul, atitudinea consumistă, condamnarea celuilalt, trădarea ș.a.m.d. sunt tot urmări ale trufiei. Lista aceasta poate continua multă vreme. Pentru a omorî trufia din noi, trebuie să ne gândim mai puțin la noi și mai mult la ceilalți. Credincioșilor li se dau multe alte mijloace pentru învingerea acestei boli duhovnicești.

Trufia este urmare a supunerii față de propriile sentimente – o concepție deformată a omului despre sine însuși, senzația că ești altfel decât ești de fapt. Omul își închipuie despre sine ceva, începe să creadă în ceea ce își închipuie, să se simtă aparte, „cel mai-cel mai". Deja nu mai verifică ideile sale despre cât este el de excepțional nici prin judecata logică, nici comparându-se cu ceilalți, nici prin practică. El se încrede în sentimentele sale. Firește, începe să creadă că cei din jurul lui nu-l respectă, că puțin le pasă de el, apare dorința de a „lăsa totul și a pleca". Lucrul acesta, în particular, poate deveni cauză de destrămare a familiei. Dacă omul ar judeca logic, ar vedea că nu este deloc „cel mai-cel mai" – el trăiește însă cu sentimentul, nu cu rațiunea, în lumea sa imaginară; nu poate fi lămurit că greșește în vreo privință, pentru că pur și simplu n-o să asculte.

Pe deasupra, trufia este cauza directă a egocentrismului și egoismului. Omul și-a băgat în cap că tot universul se învârte în jurul lui, că el constituie o lume autosuficientă. Vrând cu tot dinadinsul, el va găsi „dovezi" ale propriei însemnătăți. După cum vedem, încrederea oarbă în propriile sentimente nu este deloc atât de inocentă cum s-ar părea la prima vedere. Prin ea, omul distruge atât viața sa, cât și viețile celor din jurul său.

*– A-ți apăra punctul de vedere este sau nu încăpățânare?*

– A-ți apăra punctul de vedere este bine, este corect, dacă ești convins de dreptatea ta și ai dovezi obiective, nu idei subiective... Trebuie să ne ferim însă de apariția unui sentiment cum este trufia, ca nu cumva, dovedind că avem dreptate, să nutrim îngâmfare față de soț (soție).

*– Rutina poate ucide dragostea? Senzația că zilele trec în monotonie și plictiseală indică faptul că bărbatul nu-și mai iubește tovarășa de viață?*

– Da, desigur, rutina poate ucide dragostea. Ați văzut vreodată anunțuri de genul: „Oferim loc de muncă unde vă așteaptă sărbători, focuri de artificii, concursuri și cadouri, dansuri și distracție până nu mai poți"? Sau să admitem că există un asemenea loc de muncă și, deodată, sărbătorile s-au terminat. Ce se întâmplă? Apare senzația de rutină, de plictiseală și de monotonie. „Păi mi s-a promis altceva, mi s-au promis sărbători continue... Așa nu merge, domnule", îi spunem angajatorului și ne dăm demisia. În cazul când de la căsnicie se așteaptă o euforie continuă şi lipseşte dorinţa efortului de a ţine în viaţă dragostea, da, este foarte probabil că rutina o va ucide. Dragostea nu este euforie permanentă. Da, este euforie în anumite momente, dar pentru ca ea să fie măcar câteodată trebuie să ne dăm silinţa... Vă închipuiţi însă ce insuportabil ar fi dacă euforia aceasta ar ţine o zi, două, o săptămână, o lună, un an? Tuturor ar începe să le fie greaţă de ea. Ar înceta s-o mai simtă şi s-o mai preţuiască.

Şi, în general, cine – în afara propagandei care se face plăcerilor la televizor – v-a spus că totul trebuie să fie plăcut în această viaţă? Toate religiile consideră că această lume a fost făcută nu pentru fericire netulburată, ci ca arenă a luptei dintre forţele binelui şi cele ale răului. Lucrul acesta trebuie să-l ţinem minte bine în loc să căutăm plăceri. Atunci nu vom avea nici senzaţia de rutină.

– *Senzaţia de rutină poate duce la idei obsesive?*

– Bineînţeles, dacă omul începe să se gândească ce ar trebui el să simtă de fapt: veşnică sărbătoare, veşnică fericire? Dar de ce? „Vreau tot timpul ceva nou, vreau senzaţii intense şi sărbătoare." „Dar de ce?" „Păi nu ştiu. Vreau şi gata." Sau treaba cu sentimentele. „Sentimentele au dispărut." Dar de unde ai scos tu că sentimentele înseamnă exaltare non-stop?

– *Ştiu câteva exemple de căsnicie fericită, şi de aceea vreau foarte mult să ştiu cum trebuie construite în mod corect relaţiile din familie.*

– Aici totul e foarte simplu: omul trebuie să înţeleagă de ce îi trebuie familia. Aceasta este o problemă de principiu. Dacă scopurile sunt stabilite clar, pe urmă şi resursele se vor găsi negreşit. La modul ideal, bărbatul trebuie să fie

„căpitanul", el poartă responsabilitatea principală pentru familie, și în mod corespunzător trebuie să se bucure de respect în calitate de căpitan al corabiei „Familia"...

Ierarhia se construiește în familie pornind de aici. Dacă vrei să schimbi ceva în bărbatul tău, este important să vorbești cu el liniștit, fără reproșuri și împunsături, fără crize de isterie și scandaluri, așa cum se întâmplă frecvent. Începând de la cea mai măruntă problemă și încheind cu sfera vieții sexuale. Dialogul este indispensabil. Când partenerul își bagă singur ceva în cap, rezultă o stare absolut delirantă. „Așa deci, s-a dus la odihnă, dar cu mine cum rămâne? Pe mine data trecută nici la prietena mea nu m-a lăsat. Lasă că-i pun eu coarne, ca să știe, măgarul, cum trebuie să se poarte cu mine." Asemenea situații sunt gârlă – și deseori de știut știe numai ea, el nici măcar nu bănuiește. De ce face ea asta? Unde duce asta? Numai la necazuri.

Adică dacă faci un lucru trebuie să-l faci nu așa, pur și simplu, ci pentru ca el să ducă la un rezultat. Trebuie să ai scopul în fața ochilor. Să acționezi așa, fără să gândești, este o prostie. El a înșelat-o, ea, la rândul său, i-a pus coarne, și în concluzie nici unul, nici celălalt nu pot să priceapă și nici să îndure nu pot. Ce fel de familie este aceasta? Familia înseamnă dialog și direcție comună, scopuri comune, fundament comun, așa cum am discutat deja.

Oamenilor li se spune asta din copilărie, dar, nu știu de ce, nimeni nu recepteazā așa cum trebuie... Și mai puține emoții. Emoțiile sunt bune la pat, când ești la odihnă, în sport. Înainte de a manifesta emoții negative, trebuie să te gândești de o sută de ori.

*– Dar spuneați că este dăunător să-ți refulezi emoțiile...*

– Eu nu spun că emoţiile trebuie refulate. Indiscutabil, acesta este un lucru dăunător. Când incendiul a răbufnit, când oala dă în foc, trebuie să ridici capacul, altfel explodează – dar noi nu trebuie să încingem oala la maximum, trebuie să prevenim emoţiile negative încă din faşă. Tu trebuie să fii cea care hotărăşte să permită sau să nu permită aceste emoţii.

*– Ştiţi, pentru mine a fost o mare revelaţie faptul că este realmente posibil să-ţi controlezi emoţiile...*

– Pot să vă spun că aproape nimeni nu ştie asta. Sau ştie, dar îi e lene să se străduie, pentru că trebuie efort. Pe când cu emoţiile nu trebuie să te străduí ca să le urmezi, totul este simplu: te-ai „băgat în priză" şi te laşi dus de val... Să înveţi să-ţi controlezi sentimentele nu este însă un lucru atât de complicat. Totuşi, oamenilor le place să-şi răscolească emoţiile, să „fiarbă" în ele. Sentimentele sunt însă nestatornice: ele vin şi pleacă, dar uneori urmările faptului că te laşi în voia lor sunt serioase.

*– Mihail Igorevici, irascibilitatea este o trăsătură de caracter sau ce? Adeseori, oamenii irascibili îşi explică gesturile prin caracterul lor.*

– Irascibilitatea nu este realmente o trăsătură de caracter, ci lipsă de disciplină interioară, nepriceperea de a-ţi controla emoţiile. De fapt, acestea sunt autojustificări. Omul poate să-şi controleze emoţiile, însă nu vrea să facă asta. Dar dacă ar fi alături de preşedintele ţării, nu prea cred că şi-ar ieşi din fire, ba chiar s-ar stăpâni din răsputeri. Nu ştiu cum se face că acasă este irascibil cu soţia, cu copiii, adică cu cei care nu îi pot riposta, pe când la serviciu, cu şefii, nu este, în general, deloc irascibil, ci se poartă chiar foarte bine, știe să se controleze. Așadar, irascibilitatea este lipsa dorinței de a te stăpâni, de a rămâne între anumite limite comportamentale.

*– Soțul meu se plângea că la noi în casă are un sentiment de disconfort. Am suferit mult din această cauză...*

– Mă îndoiesc că a avut de la început acest – băgați de seamă – SENTIMENT. Acestea pot, bineînțeles, să fie și idei obsesive, care vă dați seama de către cine ne sunt trimise. Pe pământ se desfășoară lupta binelui cu răul, lupta pentru suflet, lupta pentru familie... Când omul pur și simplu nu vrea să se străduie pentru a clădi niște relații armonioase, va găsi întotdeauna explicații ca să-și justifice lipsa dorinței de a se strădui: de vină e ba apartamentul, ba soacra, ba prietenii tăi, ba hobby-urile tale, ba vecinii răi, ba faptul că nu mai prezinți noutate, prospețime... Nu merită să dați o atenție deosebită SENZAȚIILOR de care vorbește partenerul dumneavoastră. Mai bine este să examinați și să înțelegeți în mod logic ce anume duce la asemenea senzații. Lucrurile de genul acesta trebuie hotărâte nu emoțional, ci rațional.

*– Bărbatul trebuie sau nu să-i ajute femeii în gospodărie? Aceasta este o prerogativă feminină?*

– În epoca de piatră era o diviziune clară a muncii: bărbații vânau, femeile stăteau acasă și se ocupau de gospodărie. Dar dacă bărbatul nu poate întreține familia în așa fel încât femeia să aibă posibilitatea de a face față în gospodărie, să meargă la lucru cât mai puțin sau poate chiar deloc, cum poate ridica bărbatul pretenții? Femeia merge la muncă la fel ca tine? Merge. Atunci, fii bun de spală uneori pe jos, mătură, pregătește de mâncare, ajută... Cei care nu-şi ajută soţia din principiu se situează pe o poziţie egoistă: „Nu sunt dator nimănui cu nimic, numai mie îmi sunt datori toţi." Familiile se sfărâmă adeseori de egoismul unuia dintre membrii săi.

Egoistul nu e în stare de nimic. De principiu nu e în stare de nimic. El nu-i în stare să clădească o familie fericită şi trainică, o familie pentru toată viaţa. Orice căsătorie a lui va fi sortită eşecului – dacă, desigur, nu-şi va revizui perspectiva asupra vieţii.

*– Dar dacă omul ţi-o şi spune în faţă: „Da, sunt egoist"?*

– Păi acum e la modă să fii egoist! Tocmai de aceea sunt atâtea căsnicii nefericite. Păi, e problema lor. Nu vor să se schimbe – nu îi obligă nimeni. Atâta doar că toamna se numără bobocii. Te vei mai mândri cu egoismul tău când te vei trezi singur cuc sau într-o perioadă grea a vieţii fără loc de muncă, fără bani, fără oameni apropiaţi? Mulţi dintre „prietenii" tăi, la fel de egoişti ca tine, îţi vor rămâne alături? Şi chiar dacă vor rămâne, pentru cât timp? Dintotdeauna mi s-a părut absolut penibil când oamenii se mândresc cu egoismul lor.

*– Spuneţi că în familie trebuie să existe dialog. Eu cunosc însă două exemple de familii în care perechile, aparent, au discutat, dar tot n-au ajuns la nici un rezultat, şi în cele din urmă au ajuns în pragul divorţului. Ca atare, au ajuns la concluzia: cine are nevoie de dialog, dacă nu ne înţelegem unul pe celălalt?*

– Dacă nu există un fundament comun, valori comune, despre ce să discuţi, unde sunt punctele de contact, care e sensul dialogului? Nu mai are loc un dialog, ci un monolog!.. Dacă amândoi sunt necredincioşi, pentru o vreme pot rezista pe anumite pseudovalori, cum ar fi capitalul, educarea copiilor – însă, în orice caz, bărcuța lor este șubredă. Copiii cresc, și soții își vor da seama la un moment dat că nu îi mai unește nimic! Barca ia apă, și totul se duce la fund. În această perioadă, divorțurile sunt foarte dese. Firește că acest dialog este eficace numai atunci când oamenii au scopuri comune, când înțeleg necesitatea rezolvării conflictelor, necesitatea concesiilor reciproce.

– *Cum trebuie să se poarte femeia pentru ca bărbatul să se simtă bărbat în viața de familie? Unii psihologi sfătuiesc femeia să nu-și asume răspunderea și uneori să nu ia nici o inițiativă, pur și simplu să nu facă nimic în anumite situații: bărbatul va fi obligat să învețe singur să fie responsabil și independent.*

– Asta depinde de situație. Dacă responsabilitatea se împarte, și autoritatea se împarte – dar dacă bărbatul vrea putere de decizie în familie, să fie bun să-și asume și răspunderea pentru sine. Nu există putere de decizie fără responsabilitate. Ca în armată: generalul dă socoteală altfel decât soldatul. Vă puteți imagina un general care să aibă putere de decizie, dar să nu aibă nici o răspundere pentru hotărârile pe care le ia? Iar în familii se întâmplă adeseori așa: femeia cară povara răspunderii, iar bărbatul se străduie să-și însușească toată puterea de decizie, fără să facă nimic. În ziua de astăzi, bărbații vor adeseori să aibă putere de decizie în baza simplului fapt că sunt bărbați, dar nu vor să aibă nici o răspundere. Și tocmai pe terenul acesta încep conflictele. Întorcându-ne la temă, se poate spune că nu trebuie să i se dea toată responsabilitatea celui care nu vrea și nu poate să și-o asume. Asta nu rezolvă problemele. Bărbatul care nu vrea să-și asume răspunderea nu va deveni mai responsabil. Pur și simplu va începe în familie anarhia. Iresponsabilitatea totală. Asta e și mai rău.

*– Adeseori, soții încearcă să-și modeleze soțiile după propriul calapod. De exemplu, dacă nu le convine cum se îmbracă acestea, încearcă să le impună propriul gust... Femeile se simt însă foarte neconfortabil în aceste condiții. Merită să cedezi în fața bărbatului?*

– Cum omul să-și exprime personalitatea? Să facă ceva demn, bun, necesar, să devină mai duhovnicesc, mai bun! Pe de altă parte, poate să nu facă nimic, să-și găsească o nevastă frumoasă, ca să întoarcă toți capul. Dacă nu pot să fie ei remarcabili, încearcă să atragă atenția fiind alături de cineva remarcabil. Cu cât este mai puțin sigur de sine omul, cu atât are mai mari pretenții față de partenerul său, cu atât este mai obsedat de manifestările exterioare ale succesului, din care fac parte, desigur, și partenerul, și aspectul lui exterior. Trebuie să înțelegeți că toate acestea vin din pustietatea lăuntrică.

Oamenii pur și simplu înnebunesc de plictiseală, de aparenta rutină și monotonie a vieții. Ei încearcă să-și acopere cu ceva golul lăuntric: cu țoale, cu impresii noi, cu femei, cu beții, cu perversiuni, cu senzații tari, cu narcotice – însă, precum se știe, toate acestea nu aduc fericirea. Pentru că fericirea e o stare duhovnicească, pe când toate cele enumerate mai sus nu satură, ele pot să aducă doar o excitație vremelnică, ce trece în scurtă vreme... De orice senzații te saturi până la urmă. Ca atare, omul merge mai departe, pe urmă și mai departe. Asta se poate întâmpla la nesfârșit. Din perversiune în perversiune, oamenii se montează, se montează, până când ajung la te miri ce grozăvii...

*– Da, dar în ziua de astăzi puțini sunt cei care se grăbesc să se umple duhovnicește, să vină la Dumnezeu. Am două asemenea exemple: o prietenă de-a mea se teme să vină la Dumnezeu pentru că se teme de încercările care vin imediat după aceea, iar un tânăr cunoscut consideră că este admisibil să-ți faci de cap la tinerețe și la vârsta de mijloc, iar la Dumnezeu își planifică să vină la bătrânețe. Apropo, mulți își fac calculul să vină la Dumnezeu tocmai la bătrânețe, iar până atunci să ia de la viață totul.*

– Ideea este, desigur, ingenioasă – dar de unde știe omul cu pricina că va trăi până la bătrânețe? De unde știe, în general, ce va aduce ziua de mâine? Îndrăznești să-ți planifici toată viața? Doar nu știi cât timp ți-a fost dat să trăiești pe pământ! Dacă ți-ar putea spune cineva cu exactitate: „O să trăiești până la 76 de ani, la 75 o să te botezi, o să-ți mărturisești toate păcatele, și gata, o să mergi la Cer ca drept”... Dar poți să nu apuci 75 de ani, chiar mâine se poate sfârși totul, și atunci o să fii cu totul nepregătit.

Pe lângă asta, la bătrânețe pur și simplu n-o să poți veni la Dumnezeu: apucăturile proaste, viciile pe care le-ai dezvoltat în tine toată viața, te vor trage în jos, pur și simplu nu-ți vor ajunge puterile să le birui. Ca și cum, găsindu-te pe un munte colosal de înalt și având o mulțime de energie tinerească, ai hotărî să cobori ca la bătrânețe, după ce ai ajuns jos de tot, să te sui în vârf.

Iar fetei care zice că o să înceapă încercările... Da, o să înceapă. Și ele au început deja. Pur și simplu acum ea le ignoră, trăiește dusă de val. Bineînțeles, de ce să-l atace demonii pe omul care și așa e al lor?! Ce noimă are să te strădui să-l ții legat pe rob dacă el și așa nu se străduie să scape? Însă problema este că robia este drăcească, și în orice caz trebuie să faci anumiți pași ca să scapi din ea, pentru că a rămâne în ea e cel mai rău lucru. Bineînțeles, pașii aceștia sunt legați de anumite suferințe și lipsuri. Este firesc...

Haideți să ne imaginăm iarăși un grup de alpiniști. De ce se duc aceștia în munți? Se duc ca să cucerească piscul. Când piscul a fost supus, sunt răsplătiți pentru toate eforturile. A te cățăra, cu hainele rupte și murdar, până sus în vârf, a-ți risca viața este un lucru greu, foarte greu – și cu cât te cațeri mai sus, cu atât mai greu devine! Însă dorința de a cuceri piscul este totodată dorință de a-ți cheltui anumite forțe pentru cucerirea aceasta, pentru ca totul să fie compensat apoi de victorie. A sta la poalele muntelui și a te gândi cum o să apari tu pe vârf cu steagul și o să le faci tuturor cu mâna sunt numai fantezii de-ale tale. Da, făcând asta nu depui nici un efort, da, făcând asta nu suferi, da, făcând asta poți să stai la poalele muntelui și să faci grătare – însă nu vei atinge vârful, nu vei avea bucurie de pe urma cuceririi lui, de pe urma efortului tău. Pentru că nu procesul este întotdeauna important, ci rezultatul. Tocmai rezultatul aduce întotdeauna senzația de libertate, de bucurie și satisfacție.

Ei bine, toți se tem de asta! Pentru că, înțelegeți voi, trebuie să faci ceva! Da, trebuie. Da, viața duhovnicească e complicată, este efort și înaintare constantă. Aici nu te poți opri. Cine n-a ajuns pe vârf, acela nu-L va vedea pe Dumnezeu... Dar la Sfinții Părinți se spune, de asemenea, că până și cei care se cațără, chiar dacă suferă căderi, dar dacă încearcă în mod sincer, din toate puterile, să cucerească totuși piscul, chiar dacă nu reușesc tot vor ajunge până la urmă acolo unde trebuie. Se întâmplă, din tot felul de cauze, ca omul să nu poată cuceri acest pisc, poate că n-are puteri de ajuns: se suie, cade, și iar se suie, și iar cade. Și poate s-o țină așa toată viața. Dumnezeu se uită însă la dorința de a atinge vârful, la dorința de a face ceva... Ca la copiii mici: încearcă să facă ceva, dar nu reușesc. Totuși, ei încearcă sincer, depun efort. Cu totul altă răspundere va avea, scuzați-mă, puturosul, care la drept vorbind n-a făcut nimic și n-a vrut nimic, și de aceea nici n-a căzut...

– *Poate că acesta voia să ajungă pe vârf cu telefericul...*

– Da, numai că, din păcate, nu există teleferice până în Împărăția cerurilor. Suntem nevoiți să ne cățărăm. În general, cineva poate să nici nu înainteze prea mult, dar pentru eforturile depuse, pentru că s-a jertfit – poate că a căzut și și-a rupt mai multe oase decât toți ceilalți, dar năzuiește spre acel vârf –, va primi răsplată. În cazul dat, principalul nu e să învingi, ci să iei parte.

– *Bărbații își găsesc amante din cauza dezorganizării vieții de familie sau pentru distracție și plăceri noi?*

– Se întâmplă și așa, și așa. Da, atunci când relațiile dintre soți se dezvoltă armonios, bineînțeles că nu poate apărea în mod serios hotărârea de a avea o relație extraconjugală. Totuși, se întâmplă așa ceva și din pricina pustietății lăuntrice, se întâmplă și la beție, când nu mai funcționează rațiunea... Adeseori, omului, când începe o altă relație, i se pare că noul partener îl înțelege mai bine, că are mai multe în comun cu el; la început i se poate părea grozav și excepțional... Și dacă te-ai lăsat târât de sentimente, respingându-l pe omul care este al tău cu adevărat, după aceea, când l-ai pierdut, poate să te doară foarte, foarte tare! Dacă nu vrem să devenim mai buni, să ne controlăm sentimentele, nu ne rămâne decât să ne lăsăm târâți de ele și, adeseori, să ne distrugem viața...

– *Merită să te împaci cu faptul că bărbatul te-a înșelat?*

– Iarăși spun: totul depinde de valori. Trebuie să înțelegi că fiecare om poate să cadă, trebuie să te străduі să-ți ajuți partenerul să se ridice – bineînțeles, dacă vrea. Dacă și-a înțeles greșeala, dacă vrea s-o îndrepte, dacă este gata să depună eforturi în acest scop, nu doar să dea din gură, dacă vrea să se schimbe și să refacă totul, atunci merită. Dar dacă îi întinzi omului mâna, iar el scuipă în ea, te trimite undeva, ce fel de discuții pot încăpea aici? Nu poți să salvezi pe nimeni cu sila.

În orice caz însă, trebuie iertat. Chiar dacă relațiile sunt distruse. Dacă soția nu suferă de orgoliu rănit, ci dorește într-adevăr binele și zidirea, ea va putea face asta. A ierta e de datoria noastră. Dacă vrei ca Dumnezeu să te ierte, ești dator să ierți. Altfel tu, nu altcineva, vei umbla cu povara asta! Să zicem că cineva te-a supărat, iar tu ai lua în sacoșe și în rucsaci cărămizi și ai începe să umbli cu ele, să cari mereu cu tine grămezile astea de cărămizi. Umbli, umbli, și te gândești: „Lasă că dau eu de tine, ăla care m-ai supărat, și să vezi ce cărămizi îți trag în cap!" Dar dacă nu dai de el? O să umbli toată viața cu cărămizile. De asta ai tu nevoie?

Toate lucrurile pentru care nu am iertat sunt niște cărămizi cu care umblăm tot timpul. Este chinuitor, greu și insuportabil, însă mulți nu vor să arunce cărămizile. Și foarte rău!

– *Dar la o legătură veche merită să ne întoarcem?*

– Dacă amândoi au tras concluziile necesare, de ce nu? Legătura lor va trece la un nou nivel de înțelegere reciprocă. Da, se întâmplă și așa: doi tineri s-au întâlnit, amândoi sunt ușuratici, nu au nici o idee despre familie. Au trăit împreună un an. Au divorțat. Timpul a trecut. S-au mai gândit, și-au îndreptat greșelile, caracterul. S-au întâlnit iarăși. Deja amândoi au scopuri, amândoi sunt maturi, au tras concluziile de rigoare. Ce-i împiedică să fie împreună? Păi, nimic... Dar dacă amândoi au rămas la nivelul de dezvoltare de dinainte sau măcar unul dintre ei a rămas în aceeași mocirlă, la ce te poți aștepta? Iarăși o s-o dea pe alături.

*– Adeseori, mamele soților le reproșează nurorilor că investesc prea puțin în familie.*

– Păi da. Ele vor ca nurorile să tot investească, și să investească în „băiețașul" lor. „Eu, mama, am investit, acum să investească soția." Și doar cu asta se ocupă toți, să investească, să bage în el, până când „băiețașul", în cele din urmă, plesnește. De narcisism și de egoism. Un astfel de om, în care investesc toți, începe adeseori să aibă pretenții față de toată lumea: de ce Banca Națională i-a băgat în buzunar puțini bani, de ce nu a primit funcția de prim-ministru, de ce toți cei din jur sunt niște cretini. Îngâmfarea unui asemenea „domn" nu va avea margini. Nu trebuie să reproșăm nimănui nimic. Trebuie să creștem fii maturi și fiice mature, și aceștia își vor da seama singuri unde să dea și unde să primească, iar primitul îi va interesa în ultimul rând.

# Divorțul: cine vrea să-și păstreze familia trebuie să se lupte până la capăt

LIUDMILA ERMAKOVA, PSIHOLOG

– *În prezent, statistica divorțurilor arată pur și simplu înspăimântător.*

– Cifrele sunt, într-adevăr, serioase: în orașele mari se destramă până la 80% din căsnicii, și majoritatea celor care se păstrează pot fi numite „armonioase" doar rareori.

Multora li se pare că dacă doi oameni s-au întâlnit, s-au îndrăgit și au hotărât să se căsătorească, lucrul acesta e suficient pentru întemeierea unei familii.

De fapt, familiile se întemeiază nu atât DIN dragoste, cât PENTRU dragoste. Dragostea se clădește în viața de familie, și așa trebuie să fie...

– *Care sunt cauzele fundamentale ale acestei creșteri înspăimântătoare din ultima vreme a numărului de divorțuri?*

– După părerea mea, cele trei cauze fundamentale ale divorțurilor sunt următoarele: sindromul de epuizare emoțională, conflictele de clan și lipsa pregătirii pentru viața de familie.

Din păcate, foarte des căsătoria se face atunci când oamenii au trecut deja prin suferințe emoționale grave cu alți parteneri, adeseori în „căsătorii de probă". Și chiar dacă pare că lucrurile acestea trec fără urmă, toate situațiile psihotraumatizante de acest fel lasă cicatrici în sufletul omului. Uneori, acesta simte în suflet un „deșert" pârjolit, și când întâlnește, în sfârșit, „omul său", sufletul tace, nu mai are cu ce iubi – nu mai sunt puteri sufletești. Tocmai de aceea trebuie păzită curăția sufletească și trupească înainte de căsătorie.

„Conflictele de clan" includ toate lucrurile pe care le știm prea bine: relațiile încordate cu soacrele și celelalte rude. Nu este un secret că pe acest teren are loc adeseori un război, o confruntare ascunsă. Dacă se petrece lucrul acesta, trebuie să devenim mai flexibili, să știm să ne adaptăm, nu să ne ciocnim, pentru că toată această „luptă de culise" poate influența în mod foarte serios căsătoria în ansamblul ei.

Nu este un secret faptul că fiecare căsnicie își are tipicul său, normele sale, obiceiurile și tradițiile sale. În momentul căsătoriei, structura personalității este deja formată, și pentru doi oameni care provin din familii absolut diferite va fi foarte greu să se împace bine. Începând să trăiască împreună, tinerii sunt convinși că-l vor putea „reeduca" pe celălalt (dar nu pe ei înșiși!): „Dacă mă iubește, o să devină așa cum vreau eu!"

Structura stratificată a societății este o realitate cu care se poartă război de o sută de ani, dar care în mod obiectiv își are locul său în orice țară și în orice epocă. Din perspectiva problemei care ne interesează este important să înțelegem că atunci când la tribunal este numită ca principală cauză a divorţului „nepotrivirea de caracter”, în spatele acestei expresii se află de multe ori diferenţa între orientările axiologice[1] ale soţilor, care au fost educaţi în familii din clase sociale diferite. La nivelul vieţii de zi cu zi, lucrul acesta se manifestă prin dezacorduri în aparente mărunţişuri, însă mărunţişurile acestea sunt atât de multe, încât din pricina lor nu se mai vede, deja, principalul.

Şi dacă o vreme poţi să convieţuieşti în virtutea sentimentelor puternice şi a emoţiilor pozitive, mai devreme sau mai târziu problemele de nepotrivire a celor două modele familiale vor ieşi la suprafaţă. Alegerea tovarăşului de viaţă este un pas de mare răspundere, el trebuie tratat cu atenţie şi trebuie, printre altele, să ascultăm de sfaturile celor mai în vârstă, deoarece conceptul de binecuvântare părintească include, de asemenea, foarte multe lucruri. Pornind de la experienţa lor de viaţă, ei sunt adeseori capabili să prevadă ce perspective are o asemenea căsnicie şi să înţeleagă mai bine dacă acela este omul potrivit pentru fiica sau fiul lor.

Cel de-al treilea moment important este pregătirea pentru viaţa de familie. Lucrul acesta trebuie educat din copilărie, în familie. Realitatea este de aşa natură, că atitudinea incorectă faţă de instituţia familiei apare deoarece copiii, care în general cresc la creşă, la grădiniţă, la şcoală, nu văd familie în deplinătatea cuvântului, pentru că se află în ea doar câteva ore pe zi, cu părinţii comunică dezastruos de puţin şi practic nu iau parte la treburile familiei. Şi părinţii trăiesc adeseori în familii diferite. Ceea ce vreau să spun este că omul crescut într-o asemenea situaţie pur şi simplu nu are de unde să ia un model corect de clădire a relaţiilor familiale.

---

[1] Privitoare la valori *(n. tr.)*.

Când dăm copilul la școală, acolo se verifică în mod obligatoriu dacă este pregătit pentru școală: dacă știe să scrie, să citească, dacă e gata să asculte și să recepteze informația, dacă poate să șadă liniștit vreme îndelungată, în ce măsură înțelege corect ceea ce spune învățătoarea. În funcție de pregătirea copilului, este luat într-o clasă de nivel corespunzător.

La fel stau lucrurile în privința oricăror probleme importante, iar viața familială este cea mai importantă componentă a vieții noastre, și ca atare trebuie neapărat să ne pregătim pentru ea atât bărbații, cât și femeile. Eu cred că lucrul acesta este valabil în mai mare măsură pentru femei, pentru că bărbatul este în mod organic mai axat pe lumea exterioară, pe realizarea socială, pe atingerea „scopurilor exterioare". Sarcina femeii este de a organiza familia, de a crea atmosfera, climatul ei lăuntric.

– *Care sunt componentele principale ale pregătirii femeii pentru viața de familie?*

– Sentimentul responsabilității pentru celălalt, capacitatea de a iubi, de a ierta, de a răbda.

Din partea femeii, oricât de banal ar suna asta, este vorba în primul rând de capacitatea de a îndeplini sarcinile de zi cu zi, care în esența lor sunt baza vieții, a stabilității, și de a le îndeplini repede și bine. În ziua de astăzi trebuie să descoperim din nou sensul acelor postulate care în societatea contemporană au ajuns respinse și date uitării. În primul rând, tânăra femeie trebuie să îndeplinească treburile casnice elementare cu bucurie, fără să stea pe gânduri, fără să pretindă în schimb vreo recunoștință deosebită și fără să considere aceasta a fi un merit, pentru că aceasta este una dintre funcțiile ei fundamentale în familie, pentru că dacă ea nu va crea acest teren al vieții de familie care este atmosfera domestică de zi cu zi, nimeni n-o va face în locul ei.

Bineînțeles, a asigura o evoluție normală a vieții de familie este adeseori un lucru cu nimic mai ușor decât a conduce o întreprindere, dar este un lucru indispensabil. Viața de familie cere multă muncă simplă, măruntă, meticuloasă, și pentru asta trebuie neapărat să te pregătești. Să ne amintim că înainte, când bărbații își alegeau tovarășa de viață, se uitau neapărat dacă știe să gătească, să facă curată, să coasă, să tricoteze.

Fetele contemporane au cu totul alte concepții despre familie: înarmându-se cu lozinci dubioase de tipul „eu nu sunt spălătoreasă, ci femeie", „eu sunt făcută pentru dragoste, nu pentru muncă" ș.a.m.d., ele pășesc în familie așteptând complimente, flori, continuă atenție și sărbătoare, fără dorința de a oferi zilnic o părticică din sine. Viața într-o familie armonioasă este într-adevăr o sărbătoare, însă cu totul alta decât cea pe care o așteaptă fetele saturate de telenovele.

Priceperea de a ține gospodăria este o parte integrantă a vieții femeii, a menirii ei. În momentul când fata a crescut și se pregătește de măritiș, deprinderile acestea trebuie să fie deja formate până la nivelul de automatism. Fetele contemporane sunt dezvoltate, în principal, în altă direcție: școală în limba engleză, dansuri, canto, tenis, patinaj, cerc de teatru. Toate acestea sunt excelente și importante pentru dezvoltarea personalității, pentru a deveni un om interesant, și negreșit vor fi de folos în viață. Problema stă în punerea corectă a accentelor: principalul este să crești ca bună gospodină, iar toate celelalte vor fi de folos ca să-ți educi copiii, ca să-ți ajuți soțul.

Pe lângă asta, vreau să remarc faptul că femeia îi transmite starea sa emoțională bărbatului. Trebuie să înțelegem lucrul acesta și să ne pricepem să ne controlăm izbucnirile emoționale nejustificate, întrucât acestea se răsfrâng în mod inevitabil asupra întregii familii. Deseori se spune că în casă trebuie să miroasă a plăcinte, dar principalul aici nu sunt plăcintele, ci starea emoțională care se transmite prin procesul pregătirii lor, prin zâmbet, prin pacea din casă.

Am avut prilejul să aud cum bărbații contemporani își numesc soțiile „cârcelul meu" – asta din cauză că niciodată nu știu când o să-i „apuce". Nervozitatea se poate manifesta într-un moment neașteptat și dintr-o cauză neașteptată, îmbrăcând formă de istericale. Trebuie să ne învățăm să ne controlăm manifestările negative. Căminul domestic trebuie să fie nu „loc de domiciliu", ci realmente o casă caldă, de care te simți legat sufletește.

– *Dar pregătirea bărbatului pentru căsătorie în ce trebuie să constea?*

– Să ne amintim că bărbatul este orientat spre acțiune. Consistența de soț a bărbatului trebuie să se manifeste în primul rând prin a fi gata să ia asupra sa răspunderea pentru cei apropiați, pentru rezolvarea problemelor de natură mai globală legate de viața familiei. Bărbatul se integrează pe sine și familia sa în această viață. Trebuie să înțelegem că de bărbat depinde nu numai starea materială, ci și statutul social al familiei. El „reprezintă" familia în lumea exterioară. Bineînțeles, și el trebuie să fie suficient de harnic pentru a îndeplini muncile casnice grele, care nu îi stau în putere femeii. Și, bineînțeles, pentru bărbat este foarte important să se învețe să privească blând și cu umor caracterul femeii, pentru că la femeie se întâmplă și variații bruște ale stării sufletești, și indispoziții, și emoții neașteptate, care adeseori sunt legate nu numai de psihologie, ci și de ciclurile fiziologice (sarcină, alăptare etc.). Bărbatul nu trebuie neapărat să se vâre în aceste probleme feminine, trebuie pur și simplu să le înțeleagă și să fie în stare să aibă o atitudine corectă, iubitoare și blândă față de ele.

Bărbaților contemporani li se induce un anumit stereotip comportamental – de pe ecrane, de pe paginile revistelor, în literatura contemporană – cum că nu ești bărbat dacă dai fuga acasă și dacă nu știi de altceva decât de familie, că familia este plictiseală și rutină de la un cap la altul, că trebuie să mai ai ceva pe lângă ea, „interese bărbătești adevărate". Și mulți mușcă momeala, iar în continuare încep procese ireversibile, din care apar lucruri distrugătoare ca beția, infidelitatea conjugală, patima jocurilor ș.a.m.d. – tentațiile sunt multe în lumea exterioară.

În planul acesta, bărbatul trebuie să știe să se deconecteze de la sistemul presiunilor exterioare, să se învețe să ia decizii în mod de sine stătător, responsabil, să înțeleagă că de hotărârile lui va depinde și soarta familiei.

*– Foarte des ne gândim că nu ne înțelegem unul pe celălalt, pe când de fapt poate că nu înțelegem rolurile sexelor și menirile lor, și de aceea foarte multe perechi fac aceleași greșeli. În general, există o anumită diferență între lumea bărbatului și cea a femeii?*

– Lumea bărbatului și cea a femeii nu sunt absolut identice, există diferențe care trebuie înțelese și acceptate. Teritoriul femeii este lumea interioară a familiei, căminul, pe când bărbatul este ostaș. Închipuiți-vă că soțul se întoarce zilnic dintr-un război în care apără familia și interesele ei, iar soția întreține zilnic focul din vatră: atunci va fi mai ușor să înțelegem necesitățile celuilalt și propriile noastre funcții.

Soțul și soția trebuie să se completeze reciproc, să conceapă și să înțeleagă clar rolurile sexelor în familie.

Aș mai vrea să previn tinerele perechi cu privire la dorința excesivei destăinuiri a unuia în fața celuilalt; lucrul acesta trebuie abordat cu delicatețe, cu prudență atât de către femeie, cât și de către bărbat. Întotdeauna trebuie să rămână ceva nespus până la capăt, o anumită taină, o bucățică de teritoriu sufletesc care e doar al tău – taina inimii de bărbat, taina inimii de femeie. Fiindcă există lucruri care trebuie înțelese, dar nu neapărat discutate. Și totodată este important să ne învățăm să vorbim pe limba celuilalt, să ne înțelegem unul altuia particularitățile, inclusiv cele psihologice: aici se află chezășia unor relații mai calde. Și acesta e un efort, poate chiar cel mai important din viață.

– *„Toate familiile nefericite sunt nefericite în felul lor" – dar în ce pot consta cauzele generale ale faptului că familia nu se „închegă"?*

– Dacă omul pornește în căsnicie cu o perspectivă greșită asupra familiei, neînțelegerile sunt inevitabile. Chiar dacă cei doi nu au nici cea mai mică idee despre ceea ce este autentica viață de familie, viața însăși le va arăta totul așa cum este, îi va duce la concluziile corespunzătoare, le va arăta fisurile. Rădăcinile dezamăgirilor se află în așteptările greșite. Femeia își imagina o veșnică sărbătoare și admirație, recunoașterea talentelor ei, iar în schimb a primit zile de lucru pline de griji, și nu a băgat de seamă adevăratele victorii și bucurii familiale, care răscumpără însutit toate eforturile noastre. Bărbatul voia liniște, stabilitate și confort în locul pe care îl socoate „bârlogul" său și unde se întoarce după „vânătoare", iar în schimb a primit istericale și veșnica omletă cu sendvișuri. Așadar, amândoi greșesc undeva.

Pe deasupra, femeia înseamnă îndelungă răbdare. Or, acum mulți pur și simplu nu sunt deprinși să rabde, să se abțină, să-l asculte pe celălalt. În viață se întâmplă tot felul de situații, se întâmplă ca înseși relațiile dintre soți să se „îmbolnăvească", și trebuie să avem multă răbdare pentru a înțelege, a schimba, a îndrepta, a depăși momentele grele. Adeseori ne lipsește această răbdare. „Dacă nu mi-a ieșit aici, înseamnă că nu e pentru mine, merg mai departe." De fapt, aceasta este o cale de la tine însuți la tine însuți...

*– Se întâmplă ca divorțurile să fie legate de scopurile stabilite în mod greșit?*

– Aceasta se întâmplă în cazul când oamenii privesc familia nu ca pe o conviețuire pașnică cu jumătatea lor, ci ca pe o rezolvare a problemelor lor sociopsihologice. De exemplu, ai avut o dragoste nefericită – trebuie să te măriți repede, ca să demonstrezi ceva cuiva, sau pur și simplu „este vremea să te însori", sau te-a apucat frica de singurătate. Toate acestea nu sunt fundamentul pe care ar trebui să se clădească o familie adevărată. O asemenea unire e instabilă.

*– Există două scenarii tipice pentru divorțuri, care ridică o mulțime de întrebări. În primul caz, femeile nu înțeleg*

*cum poate un bărbat, cap de familie, răspunzător pentru ea, să lase brusc această familie în voia soartei. În cel de-al doilea, nu este clar de ce deseori bărbații părăsesc femei de succes în planul carierei.*

– Cu privire la primul scenariu, pot spune că lucrul acesta poate fi legat tocmai de diferitele orientări, despre care am discutat mai înainte, cu care omul vine din familie. Poate că responsabilitatea unui asemenea bărbat nu a fost educată niciodată și el nu și-a asumat niciodată răspunderea pentru familie.

Apropo, lucrul acesta se întâmplă adeseori când băiatul este educat numai de femeie. Fără să-și dea seama, aceasta face din el un om comod pentru ea, un om care e în stare s-o înțeleagă numai pe ea și să răspundă la cerințele ei de viață nerealizate. Un astfel de bărbat nu știe deloc să se integreze în alte modele și în virtutea facturii sale efeminate nu este capabil să-și asume răspunderea pentru altă femeie. De obicei, el construiește relațiile conjugale de pe o poziție subordonată ori clachează. Când bărbații cresc fii, în aceștia se manifestă mai multă responsabilitate, este mai dezvoltat instinctul ajutorării.

În ce privește cel de-al doilea model, și acesta este destul de tipic. De fapt, femeile fac carieră pe baza uriașelor rezerve de energie care le-au fost date pentru a naște și a crește câțiva copii. Ele proiectează această energie în lumea exterioară. Or, aceasta este lumea bărbaților. În mod corespunzător, femeia începe să se poarte ca un bărbat, intrând în relații concurențiale pe un teren masculin. Iar soțul începe să simtă că-i lipsește feminitatea, tandrețea, grija. Oricât de banal ar suna, acesta este un adevăr confirmat de trecerea timpului. Când femeia începe să manifeste duritate, să facă paradă de inteligenţă, să domine prin calităţile ei profesionale, când competenţa ei profesională începe s-o întreacă pe cea a bărbatului, bărbatul începe să se simtă incomod.

Trebuie să ai înţelepciune pentru a te abţine, deoarece cariera se face în perioada de înflorire a personalităţii, la 30-40 de ani. Înflorirea nu este însă veşnică, totul trece, şi când femeia începe să tragă linia şi să facă socoteala, rezultă că adevărata ei carieră şi finalul fericit al vieţii sunt familia, copiii, şi că tocmai acesta este lucrul în care merita să-şi investească forţele şi capacităţile deosebite. Ce înseamnă cariera în comparaţie cu ceea ce nu ajungi să le dai copiilor, cu faptul că ai tăi pot deveni nefericiţi sau că familia se poate destrăma?!

– *Situaţia când una dintre părţi declară că doreşte să se despartă aduce un şoc, senzaţia de pierdere a viitorului, durere...*

– Situaţia de divorţ poate fi numită neadecvată, anormală pentru evoluţia generală a vieţii. Şi, bineînţeles, ambii participanţi ai acestor evenimente dramatice se află într-o stare emoţională complexă. Pare că viaţa o apucă pe o anumită (tristă) albie: cunoscuţii, împrejurările, totul îl împinge pe om să ia o asemenea hotărâre. Practic, amândoi soţii devin ostatici ai situaţiei deja create.

Nici pentru cel ce părăseşte nu e uşor. Înainte de a se hotărî să divorţeze, omul se frământă mult timp, pentru că această hotărâre atrage după sine schimbări globale în viaţa lui, iar lucrul acesta nu este deloc simplu. Există uneori iluzia că plecând, pleci de la rău la bine, la ceva mai grozav, mai luminos. De fapt, are de trecut încă prin durere, şi nu este deloc obligatoriu că va ajunge într-un loc mai vesel. Această durere nu dispare așa, pur și simplu. Părăsindu-și tovarășul de viață, omul trece prin suferințe și îi trage după sine prin ele pe toți cei din jurul său. Cicatrici grave rămân pentru toată viața, și problemele se țin după oameni ca o trenă, uneori decenii întregi. Adeseori, oamenii care au câteva căsnicii la activ și au tras învățături din experiența lor, spun că s-ar fi putut înțelege cu oricare dintre parteneri dacă s-ar fi purtat corect și nu ar fi făcut pași pripiți. În general, a face pași pripiți este un lucru foarte periculos. Este mai bine să rezolvăm problema acolo unde apare decât să creem noi probleme, implicând în asta noi oameni.

*– În situația de divorț care trebuie să fie calea personalității?*

– Prima reacție a celui părăsit este căutarea îndelungată și chinuitoare a cauzelor în sine însuși: „Cu ce am greșit, ce-am făcut?..” Este examinată literalmente fiecare zi a vieții, fiecare ceas, sunt luate la rând toate evenimentele însemnate și mărunte. Revizuirea vieții începe nu numai din clipa când s-au cunoscut, ci din copilărie, unde se poate afla răspunsul la întrebarea: „De ce l-am ales pe omul acesta și nu pe altcineva?” Prin durerea sufletească, prin chinuitorul proces al cunoașterii de sine poate înțelege că acesta a fost un moment foarte important în viața lui. Crizele ajută la creșterea duhovnicească, și conștientizarea greșelilor duce la îndreptarea lor.

Bineînțeles, în momentul acela omului i se face milă de sine însuși și fiecare vede o mulțime de greșeli la celălalt, dar într-o asemenea situație este neconstructiv să arunci vina pe el. Importantă este propria experiență, important este să fii în stare să te schimbi tu însuţi. Este rău când se bagă din nou apropiaţii, care, dorindu-ne binele, ne montează într-un anumit mod, învinuindu-l pentru toate numai pe unul şi apărându-l pe celălalt. Rezultatul este un fel de teren de fotbal, unde fiecare joacă pentru echipa sa şi ţine cu ea. Oamenii aceştia o să joace însă cât o să joace şi după aceea o să plece, dar de rămas vor rămâne cei doi.

În stadiul de divorţ este oportun să se apeleze la ajutorul unei terţe părţi, dezinteresate, care poate fi un preot, un psiholog de familie sau pur şi simplu o persoană cu autoritate şi înţeleaptă. Terţa parte vede totul aşa cum este şi poate juca rolul de oglindă – însă vreau totuşi să subliniez că această cale a conştientizării, a reformării de sine trebuie parcursă de sine stătător, cu efortul de a păstra maximum de obiectivitate faţă de situaţie şi faţă de tine însuţi. Aceasta este singura cale constructivă.

Nu vă sfătuiţi cu toată lumea. Prietenele vor spune: „Unde ţi-e demnitatea, nu te merită", prietenii vor spune: „Eşti bărbat, nu cârpă, de ce îi permiţi să se poarte cu tine aşa" – şi toate acestea nu fac decât să intensifice conflictul, fără să rezolve nici o problemă.

Încercările nu ni se dau degeaba: când omului i se pare că lumea se prăbuşeşte peste el, trebuie să-şi conştientizeze greşelile, să-şi curețe sufletul, să se căiască. Treaba este că până la momentul crizei trăim adeseori sub stăpânirea trufiei, iar când vine nenorocirea începem să ne conştientizăm sincer greşelile şi să ne căim sincer. În parte, aceasta este o lecţie de pocăinţă. Durerea sufletului nu poate fi îndepărtată cu nici un fel de tablete – încă nu a fost inventată novocaina intelectuală. Pe termen scurt pot avea un anumit efect sedativele şi antidepresivele, însă aceasta mai degrabă pentru a înlătura simptomele fiziologice. Durerea nu se va potoli cu adevărat până ce nu are loc efortul lăuntric de curățire a ceea ce este rău și îndreptare a ceea ce e greșit.

– *Adeseori ți-ai dat seama de greșelile tale, ai schimbat deja multe lucruri și ești gata să te schimbi în bine în continuare, dar cel ce te-a părăsit nu-ți mai dă nici o șansă. A luat o hotărâre și a început o viață nouă. Tu te-ai bucura să reconstruiești relația dintre voi pe o bază nouă, dar e prea târziu.*

– De fapt, prea târziu nu e niciodată. Sunt cazuri când, chiar după ce s-au despărțit și au trăit separat o vreme, după ce au încercat să-și întemeieze familii noi, oamenii se însoțesc iarăși. Adică nu este totul terminat. Și a încerca să-ți îndrepți greșelile poți în orice stadiu al divorțului. Cred că cel care vrea să păstreze familia trebuie să se lupte până la capăt. Aici trebuie pornit de la principiul „fă tot ce poți și fie ce-o fi".

Nu trebuie să faci economie de puteri, în schimb cu mijloacele materiale trebuie să fii mai prevăzător. În primul rând, vreau să previn împotriva ghicitului și descântecelor de tot felul: acesta este un lucru periculos și dăunător, o silnicie față de celălalt. Poți să te faci înțeles cu adevărat doar de o minte liberă. În al doilea rând, când bărbatul vrea s-o aducă înapoi pe femeie, el poate să aleagă o linie hotărâtă, activă, pe când femeia, într-o asemenea situație, trebuie să fie extrem de prudentă în alegerea mijloacelor. Aici se cere, cel mai degrabă, delicatețe, blândețe, tandrețe. Când femeia dă dovadă de o activitate excesivă, asta irită, intră în funcțiune un mecanism firesc de apărare, fiindcă bărbatul prin definiție îndeplinește în viață un rol „activ", și va începe să „fugă" de o asemenea agresiune din partea femeii.

Oricum, de luptat trebuie să ne luptăm, fiindcă Dumnezeu nu unește doi oameni degeaba, și a te lăsa păgubaș, a o rupe cu hotărâre, nu este calea cea mai bună. Ceea ce Dumnezeu a unit, omul nu poate despărți: dragostea, venind în inimă o dată, rămâne în ea pentru totdeauna – toate acestea sunt adevăruri recunoscute. Avem însă nevoie de forțe enorme pentru a putea să trecem în mod corect prin situația de divorț, să tragem concluziile corecte, să luăm deciziile corecte. Anii petrecuți împreună nu sunt gunoi, sunt o parte din sufletul nostru. Și adeseori se întâmplă ca situațiile de criză să ducă la un rezultat bun: oamenii se purifică, se schimbă în bine trecând prin focul acestor încercări. Și uneori se unesc din nou, la un nou nivel calitativ.

Pe lângă asta, în stadiul conștientizării greșelilor, în pragul rupturii apare senzația că trebuie să „simți" viața așa cum simțim apa învățând să înotăm.

Or, nu poți învăța să înoți doar citind literatură, teorie. Trebuie să simțiți „apa" conflictului vostru și să învățați să înotați tocmai în această apă. Trebuie să vă ascultați inima, și ea vă va spune: „Da, uite aici am făcut următoarea greșeală, am întins coarda, pe când aici am procedat corect." Este important să nu te minți singur în acel moment, ascunzându-te în spatele unei păreri străine, al trufiei sau al mai știu eu ce. A-i spune celui care pleacă: „Drum bun și cale bătută, ne descurcăm noi și fără tine" va fi, în afara cazurilor critice, un neadevăr. Trebuie să vorbești din inimă, de exemplu: „Plecând, îmi provoci o mare durere, însă eu te iubesc oricum..."

Este neapărată nevoie de sinceritate. În primul rând, aşa veţi încerca să depăşiţi resentimentul (acesta, precum se ştie, este extrem de distructiv), în al doilea rând sufletul vostru va fi mult mai liniştit dacă vei spune vorbe bune şi nu le vei ţine în tine, ca pe urmă să nu te doară pentru ceea ce puteai să spui, însă nu ai spus.

Aceasta ţine de tărâmul tainei inimii noastre, iar inima simte intensitatea momentului şi alege mijloacele necesare. De fapt, şi familia este o mare taină, ceea ce îi uneşte pe cei doi. Şi numai eu pot spune lucrul acela anume pe care inima lui îl va accepta. Chiar dacă omul nu se va întoarce, nu îţi părea rău, fiindcă inima ta i-a spus totul inimii lui. Dacă inima lui nu aude, deja nu te va mai durea atât de tare, pentru că nu ai închis în tine dragostea care exista şi nu ai desfigurat situaţia printr-o reacţie deformată (mânie, teatralism, resentiment ca răspuns la resentimentul lui). În situaţia aceasta, cinstea şi sinceritatea sunt componentele justificatoare, care nu ne vor lăsa apoi să ne pară rău de ceva.

– *Şi totuşi, dacă oamenii se despart pentru totdeauna, când şi cum se pune punctul lăuntric?*

– Eu am senzaţia că niciodată nu se pune definitiv punct. Vor fi „puncte-puncte”, care se vor înşira în urma omului de-a lungul întregii vieţi. Soţii au o anumită legătură şi după divorţ. Când unul dintre ei se îmbolnăveşte, celălalt poate să simtă asta de la distanţă. Asta ne arată experienţa. Tot ce am trăit rămâne pentru noi pentru toată viaţa. Adică nu începi o nouă relaţie de la zero, cum li se poate părea unora. Şi problemele personale dinainte, şi anii de viaţă familială, şi ceea ce ai investit în relaţie – toate acestea rămân cu tine pentru totdeauna.

Probabil că şi de asta trebuie să încercăm să păstrăm familia, nu să le „tragem la xerox". Bineînţeles, există situaţii când pentru toţi, inclusiv pentru terţa parte obiectivă, este evidentă imposibilitatea continuării relaţiei, şi atunci trebuie neapărat să accepţi situaţia existentă. Este important să-ţi „digeri" experienţa, iar deocamdată acest proces continuă – este vorba de un efort complex şi încordat. Dacă experienţa a fost „digerată", apar forţe noi pentru a-ţi continua viaţa.

– *Cum să treci prin momentul de criză al divorţului, cum să faci faţă atunci când ai un nod în gât şi sentimentul că te acoperă valuri imense de frică, de durere, de resentiment, şi te îneci? De unde să iei putere?*

– Într-adevăr, aceasta este o durere îndelungată, intensă, uneori insuportabilă. Şi nici un fel de tehnici, nici un fel de autoliniştire nu dau rezultate. Acesta este genul de situaţie când trebuie să rabzi pentru a depăşi momentul greu, dar nu privind totul în mod pasiv, ci dându-ţi osteneala să te schimbi, reevaluându-ţi experienţa de viaţă, reinterpretându-ţi sistemul de valori. Dacă lucrul acesta va fi făcut în mod profund şi corect, vom ieşi din încercarea divorţului puternici, înţelepţi, căliţi, şi nu neapărat pe un morman de cenuşă, ca să zic aşa, ci uneori şi cu puteri de a clădi ceva nou.

Adeseori oamenii vin la Dumnezeu tocmai trecând prin crize, şi în El află o resursă inepuizabilă de putere şi dragoste. În situaţiile dificile începem să înţelegem ce este iadul, începem să ne căutăm greşelile şi păcatele. Şi învăţăm să ne căim cu sinceritate de ele.

Este important să priveşti în inima ta şi să înveţi să-ţi exprimi emoţiile: când doare, doare; când iubeşti, iubeşti.

Or, pe fondul divorțului începe adeseori un anumit joc, o punere de măști, este folosită manipularea, se face uz de mijloace necinstite. Acesta este un joc care duce la completă distrugere. Când situația reprezintă un rău, trebuie abordată cu binele, altfel răul va spori.

Binele este o resursă enormă. A face bine altora, celor ce au nevoie, este în situația aceasta un bun mod de a te întrebuința. Acolo unde pare că nu mai este deja iubire trebuie să ne apropiem cu iubire, altfel neiubirea se va înmulți. Și iubirea este o resursă enormă.

– *Să treci printr-o despărțire, printr-un divorț... Cum? Cu ce?*

– Cu dragoste. Față de tine însuți, față de cel ce te-a părăsit, față de copiii tăi. Să înțelegi că nimic nu se întâmplă în mod gratuit. Pe de o parte, aceasta este plata pentru greșeli, pe de alta, chiar dacă în momentul respectiv nu suntem în stare să înțelegem sensul celor întâmplate, sensul există.

Starețul Paisie Aghioritul dă următorul exemplu: dacă te uiți la doctor, care pe unii dintre pacienții săi îi trimite la stațiune, iar pe alții la operație, poți crede că pe unii îi iubește, iar pe ceilalți îi urăște. De fapt, doctorul știe boala și în funcție de diagnostic hotărăște metodele de tratament. El se îngrijește și de unii, și de ceilalți, numai că mijloacele sunt diferite. Așa procedează și Dumnezeu. Unii înțeleg ușor, alții au nevoie de încercări. Situațiile dificile sunt ca niște operații chirurgicale. Putem și trebuie să le depășim, să ne punem pe picioare.

După ce va trece o vreme și vom putea privi totul ca pe un fapt consumat, cu mai multă detașare, distanțându-ne de subiectivism, vom putea da răspuns la întrebarea: „De ce?" Toate evenimentele din viață sunt legate între ele și fiecare situație cuprinde un anumit dar pentru noi. În punctul acesta însă nu vedem perspectivele, conștientizarea deplină vine după aceea; trebuie să dăm dovadă de răbdare și să ne dăm silința de a ne schimba.

În cele mai grele clipe trebuie să fim recunoscători. Când sufletul te doare, când inima ți se rupe, când lacrimile îți curg șiroaie, iar capul îți plesnește, trebuie să spui: „Slavă lui Dumnezeu pentru toate!" Dacă există viitor pentru relația prezentă, el trebuie să se întemeieze pe iubire adevărată, pe sinceritate, pe iertare, iar dacă ești nevoit să-l lași pe celălalt să plece, fă-o cu inimă curată.

# Pentru a păstra dragostea, trebuie să te străduiești

IRINA RAHIMOVA, PSIHOLOG

Cauzele divorțurilor, infidelităților, despărțirilor constau de regulă în aceea că ne lăsăm relația în voia sentimentelor, considerându-le ceva neclintit – dar sentimentele sunt ca vremea: ba slăbesc, ba se întețesc. Iar noi, ca niște marinari, trebuie să ne conducem corabia spre țintă fie că e furtună, fie că-i vreme bună. Trebuie să ne pregătim dinainte pentru momentele când sentimentele slăbesc și trebuie să le susținem, să le încălzim. Și trebuie să ne amintim că după ploaie vine soare.

Dacă omul nu știe asta, poate percepe ca pe o tragedie cea dintâi ploicică: „Totul s-a terminat! Totul s-a terminat!", deși nu s-a terminat nimic încă. După cum spune Apostolul Pavel, dragostea niciodată nu se sfârșește. Dragostea adevărată se află întotdeauna în dezvoltare, devine tot mai puternică. Sunt cunoscute stadiile dragostei. Începând de la îndrăgostirea pătimașă, ea, dacă omul este orientat corect și depune eforturi, devine treptat tot mai elevată, mai profundă și mai puternică.

Eu aş defini această orientare corectă printr-un singur cuvânt: „fidelitate". Trebuie să fim credincioşi unul celuilalt, în orice împrejurări. Lucrul acesta e pivotal. Dacă ne străduim să fim credincioşi, cu preţul unor mari strădanii depăşim toate piedicile, care sunt inevitabile în calea dragostei, şi toată viaţa noastră merge pe o pantă ascendentă, cei doi se mişcă pe calea spre desăvârşire.

În schimb, dacă omul nu are acest pivot interior, dacă nu are sistemul corect de valori, nu se dezvoltă. Schimbă unul după altul „obiectele îndrăgostirii", şi de fiecare dată şansele de a întâlni iubirea adevărată, unică, se diminuează. Omul se distruge pe sine însuşi şi, fireşte, pe cei din jur. Dacă, în mod conştient sau luaţi de valul simţurilor, ne-am legat viaţa de un asemenea om, tot efortul de păstrare a dragostei stă pe umerii noştri, şi trebuie să ne hotărâm dacă suntem gata să ducem toată greutatea unei asemenea vieţi...

Într-o parabolă evanghelică se spune că omul care începe să construiască o clădire trebuie neapărat să-şi măsoare puterile, ca nu cumva să dea greş şi să se facă de râs. Necesitatea planificării viitoarei vieţi de familie după un model prestabilit determină succesul proiectului. Punerea corectă a accentelor în perioada relaţiilor prenupţiale şi atitudinea lipsită de compromisuri faţă de tine însuţi pe calea către scopurile fixate te vor întări în depăşirea încercărilor vieţii. Familia trebuie să devină scop şi sens al vieţii.

Modelul familial include scopuri şi sarcini pe termen lung şi pe termen scurt. Unul dintre principalele scopuri pe termen lung reprezintă condiţia neapărată de a-l considera pe alesul tău tovarăş unic dat de Dumnezeu pentru toată viaţa, de a însemna lucrul acesta pe răbojul inimii și a-ți aminti în situațiile grele de promisiunile pe care ți le-ai făcut. Iar pretextele de genul celor la care recurg adeseori oamenii care s-au ciocnit de dificultăți: „Poate că nu ne iubim de fapt", „Nu facem pereche bună", „Nu există între noi potrivire de caracter", „Poate că nu este jumătatea mea" și multe altele trebuie considerate pur și simplu slăbiciune omenească, incapacitate de a construi o relație umană profundă.

Dacă într-adevăr căutăm o relație temeinică, armonioasă, trebuie să ne schimbăm perspectiva asupra viitorului ales. Și adeseori să ne schimbăm noi înșine. Relația dintre oameni care iubesc presupune nu numai daruri, ci și sacrificii. Pentru a afla dacă omul cu care ai de gând să întemeiezi o familie este capabil să se sacrifice, să-și sacrifice dorințele, timpul, cel mai bine este să-l cooptezi la o activitate de slujire socială, de ajutorare a bolnavilor, săracilor, orfanilor. Totodată, te vei cunoaște mai bine pe tine însuți. Vei spune că este complicat? Da, este un efort, dar este și o bucurie. La fel ca dragostea. A păstra dragostea este ceva și mai complicat, însă aceasta este principala lucrare a vieții omenești și ca atare merită să depunem eforturi pentru ea.

Uită-te la familia alesului tău. Înainte, nimeni nu-și dădea acordul pentru căsătorie fără să cerceteze ce familie are alesul tău sau aleasa ta: dacă este întreagă, care sunt relațiile din sânul ei, cum se ține gospodăria, dacă sunt oameni harnici – și ținând cont de lucrurile acestea își „probau" omul, vedeau dacă există potrivire sau nu.

Se spune că o familie trainică poate clădi omul care știe să fie prieten bun. Dacă se pricepe să construiască relații prietenești trainice, deprinderile acestea se întind și asupra familiei, căci şi prietenia se verifică prin încercări, prin tot felul de lucruri mărunte, prin trecerea timpului. Dacă în aceste încercări omul te ajută, dacă nu dă bir cu fugiţii în momentele grele, dacă îţi păstrează secretele, înseamnă că e un om de nădejde, pe care te poţi baza.

Este foarte important să îţi formulezi aşteptările faţă de viitorul soţ, respectiv viitoarea soţie: dacă trebuie să lucreze, ce venit trebuie să aibă, ce interese, dacă trebuie să vrea mulţi copii, dacă trebuie să aloce mult timp educării acestora. Şi despre toate aceste lucruri trebuie să vorbeşti cu alesul tău sau aleasa ta! Fiecare dintre aceste momente va avea consecinţe foarte importante mai târziu, întrucât tocmai din ele se compune viaţa de familie. Majoritatea căsătoriilor se destramă în decurs de un an sau doi, deoarece vălurile perceperii reciproce idealiste cad repede şi începe viaţa reală. Şi deseori se dovedeşte că noi aveam anumite aşteptări, iar tovarăşul de viaţă – altele. Şi încep conflicte foarte serioase, cărora nici pe departe nu sunt toţi capabili să le facă faţă – lucru care nu ar avea loc dacă oamenii ar discuta dinainte toate problemele acestea.

Puneţi, puneţi aceste întrebări! După cum spunea Aristotel, pentru a rezolva cu succes o problemă trebuie să o pui în mod corect – şi dacă se va dovedi totuşi că în anumite probleme nu sunteţi pe aceeaşi lungime de undă, după aceea vor fi mai puţine neînţelegeri. Iar dacă în cursul acestor discuţii va ieşi la iveală o diferenţă mare de perspectivă faţă de posibilul ales, cel mai degrabă acesta vă va părăsi. Şi n-are decât să vă părăsească!

Pe de altă parte, chiar dacă alegerea este corectă, nimeni nu poate oferi garanţia unei vieţi netulburate pe viitor. Acum s-au pierdut până într-atât tradiţiile care stau la temelia familiei, încât familiile în care domnește dragostea au devenit o excepție fericită, o raritate. Tradițiile de care vorbesc sunt credința în Dumnezeu, atitudinea religioasă față de căsătorie, numărul mare de copii, întâietatea bărbatului. Până și soților ortodocși, care înțeleg toate lucrurile acestea, le este greu să mențină un asemenea mod de viață, fiindcă își spune cuvântul educația atee din timpul comunismului, și deseori soția concurează fără să-și dea seama cu soțul pentru poziția de lider, caută autorealizarea creatoare, iar soțul nu e în stare să-și apere rolul său de bărbat, cu toate că această repartiție a rolurilor este înscrisă chiar în procesele metabolice ale organismului masculin, respectiv feminin – procesele masculine sunt orientate spre asimilarea mediului exterior, pe când cele feminine spre a păstra totul în interior. Apar discordanța, conflictele, noi spărturi în corabia dragostei...

Îndrăgostirea este un sentiment superficial, care în principiu nu ține mult, pe când dragostea se verifică prin trecerea anilor. Se consideră că după 10-15 ani este hotarul când înțelegi că tovarășul de viață nu te va părăsi, nu te va trăda, că poți să ai încredere în el ca în tine însuți. Are loc contopirea celor doi la toate nivelurile: fizic, sufletesc și duhovnicesc. Ei devin cu adevărat un tot.

Ca atare, pentru a păstra dragostea, pentru a păstra relația, trebuie să nu pretinzi de la celălalt, ci să te străduiești tu însuți să fii omenos, credincios, iubitor, răbdător, orice s-ar întâmpla.

# Învingeți neiubirea prin iubire!

PROTOIEREUL IGOR GAGARIN

Există în viață o anumită contradicție. Se înțelege că, atunci când se căsătoresc, oamenii au unul față de celălalt sentimente puternice. Dacă este vorba sau nu de iubire adevărată, nu știm. Mai apoi, sentimentele acestea trec, și apar două alternative. Unii spun: „Întrucât sentimente nu mai există, de ce să ne chinuim în continuare unul pe celălalt? Să ne despărțim!" În felul acesta poți să te întâlnești și să te desparți toată viața cu diferiți oameni. Cea de-a doua cale este cea pe care merg oamenii responsabili. Aceștia spun: „Da, iubire nu mai există și pare că nu avem de unde să o mai luăm, însă există datoria; pentru a ne păstra căsnicia, pentru copii, vom rămâne împreună." Uneori, totuși, nu rezistă, alteori așa își și duc această cruce până la capăt, scrâșnind din dinți. Eu îi respect profund pe aceștia oameni, însă, bineînțeles, mi-e milă de ei.

Ei, și atunci cazi pe gânduri: „Cum e mai bine, cum e mai corect: să-ți faci datoria, dar în același timp să te chinui?" Adeseori, omul pur și simplu nu vede alte variante. Se gândește: „Aici am și casă, am totul aranjat, am și bani, am și copii cu el (ea)" – căci, pe lângă dragoste, în căsătorie apar o mulțime de alte lucruri care îi leagă pe oameni. Trebuie să rupi prea multe, și de aceea oamenii preferă câteodată să păstreze totul așa cum este. Iar ura crește în continuu...

Sau e mai bine să te întâlnești și să te desparți în funcție de apariția și dispariția sentimentelor? Și această cale e îndoielnică, poți să-ți distrugi toată viața.

Acest tablou ar arăta foarte întristător, foarte mohorât, dacă asupra dragostei nu s-ar putea lucra, dacă omul nu ar putea cultiva în el dragostea. Atunci când privim dragostea ca pe ceva ce nu depinde de noi absolut deloc, la fel ca vremea – a venit și mă bucur, a plecat și îmi rup părul din cap –, nu procedăm corect. Dragostea ține de voința omenească, de alegerea noastră, întrucât ea vine de la Dumnezeu, Însuși Dumnezeu este Dragoste – în noi înșine nu se află izvorul dragostei. Nu putem să stârnim în noi dragostea printr-un efort de voință, dar dacă omul înțelege: „Cu omul acesta m-a unit Dumnezeu, mi-am luat răspunderea pentru viața acestui om, am rostit făgăduințe, oricum ar fi va trebui să trăiesc cu el, și fie îl voi răbda pur și simplu, fie îl voi îndrăgi. Îmi dau seama că mai bine e să-l iubesc. Cum să fac asta?"

De voința mea ține, în primul rând, să cer dragoste de la Dumnezeu, Care este izvorul dragostei, iar în al doilea rând să fac tot ce vine din dragoste. După cum spun Sfinții Părinți, dacă nu ai în tine dragoste, fă faptele dragostei, și vei învăța să iubești. Altfel spus, fă față de omul de lângă tine ceea ce ai face dacă l-ai iubi. Aceasta nu va fi fățărnicie, căci dacă eu creez o formă însetând ca Domnul să o umple de conținut, lucrul acesta poate să se întâmple. Așa ceva se întâmplă. Știm cazuri când soții nu aveau nici un fel de sentimente deosebite unul față de celălalt, însă mai apoi, depășind împreună o mulțime de greutăți, având grijă unul de celălalt, slujindu-se unul pe celălalt, au dobândit o asemenea dragoste, încât se miră și ei.

În această privință, remarcabil este episodul evanghelic din Cana Galileii, când Domnul a prefăcut apa în vin, și nunul i-a spus mirelui că de obicei se bea la început vinul bun, iar apoi cel de calitate mai proastă: *iar tu ai ținut vinul cel bun până acum*. Eu le spun totdeauna tinerilor că prin cele întâmplate atunci Domnul nu numai că a rezolvat problema lipsei vinului de la masă, ci ne-a și dat un minunat simbol a ceea ce se întâmplă cu dragostea. Vinul este aici un simbol al dragostei. La început, aceasta este romantică, puternică, iar apoi, când se încheie această perioadă minunată, plină de bucurie – care de obicei este scurtă, pentru că viața de zi cu zi le arată oamenilor că nu este totul așa cum și-au închipuit ei –, se bea deja ceea ce a mai rămas. Iar câteodată rămâne apă în loc de vin. Și iată că Domnul ne amintește încă o dată că El este gata să prefacă iarăși această apă în vin, și încă într-un vin mai bun și decât ceea ce fusese la început.

Dragostea este în orice caz un dar de la Dumnezeu. Există gesturi și acțiuni ale noastre care micșorează darul acesta și există altele care îl sporesc. După cum spune Apostolul Pavel, *duhul să nu-l stingeți*. Nici duhul nu este al nostru. Putem să-l stingem, însă ni s-a dat sarcina de a face în așa fel încât să se aprindă tot mai puternic în noi.

Eu cred că dacă oamenii au primit fie și numai o fărâmă din acest dar al dragostei – iar de vreme ce au luat hotărârea de a întemeia o familie și a fi împreună, ceva între ei a fost –, în continuare ține de ei înșiși ca acest dar să crească sau nu.

Dacă îmi voi jigni soția, dacă nu voi avea grijă de ea, dacă ea mă va înșela, dacă eu vin acasă beat seară de seară, se înțelege că acest dar nu o să crească nicidecum. Dimpotrivă, se poate pierde totul. Dar dacă ambii soți conștientizează valoarea dragostei, și vor ca aceasta să existe între ei, și sunt gata să își dea osteneala cu lucrurile care o vor înteți, există nădejdea că vor atinge scopul acesta. De ce se întâmplă lucrul contrar? Pentru că mulți nu au grijă de asta. Foarte mulți ar fi de acord să existe dragoste între ei, dar nu fac nimic în scopul acesta.

De fapt, este foarte greu să păstrezi dragostea. Există o mulțime de cărți de psihologie unde se spune cum nu trebuie să te porți cu tovarășul tău de viață, ce ucide dragostea și ce, dimpotrivă, ajută la dezvoltarea ei. Nu demult am citit o asemenea carte: „Străduiți-vă să vă faceți mai puține reproșuri, să vă spuneți mai puțin vorbe grosolane..." Bun, toate acestea sunt corecte, atâta doar că nu vreau să repet adevăruri pe care le știe toată lumea. Mie mi se pare că oamenii pur și simplu nu țin cont de aceste reguli. Foarte des, pur și simplu nu vor să-și dea osteneala în mod serios. „Lasă că merge și așa."

Situațiile familiale sunt foarte des obiect al discuției cu preotul. Un exemplu tipic este atunci când vine unul dintre soți și povestește ce se petrece la ei în familie, și povestește sincer, cu lacrimi și cu amărăciune – și când ascult, mă pătrund și eu și mă gândesc: „De ce ticălos sau ticăloasă a avut parte!" Zic: „Spuneți-i să vină, aș vrea să vorbesc și cu el." Uneori, după un timp ajung să vorbesc și cu jumătatea a doua, și am deja o anumită prejudecată împotriva lui. Nici n-a deschis omul gura și poate îmi vine deja să-i spun ceva „de dulce", dar am destulă minte să nu fac asta, și-l las să-și spună oful până la capăt... Și pe măsură ce povestește, văd un tablou diametral opus. Privesc situația cu ochii lui și văd că are dreptate, că nu se poate să fie altfel. El povestește tot felul de amănunte pe care soția lui le-a trecut sub tăcere, vorbește de anumite eforturi ale sale – și văd că fiecare are dreptate în felul său. Fiecare are dreptate în proprii săi ochi și este atât de convins de asta, încât până și eu, ascultându-l sau ascultând-o, în momentul acela mă pătrund. Atunci mă întâlnesc iarăși cu jumătatea cealaltă...

Când eram preot tânăr, credeam imediat prima parte care venea la mine și o susțineam cu înflăcărare. Acum, când oamenii mi se adresează cu asemenea probleme, la început doar ascult și compătimesc, iar a doua oară spun deja: „Haideți totuși să privim situația din altă perspectivă și să încercăm să descoperim cu ce nu avem dreptate aici noi înșine. Probabil că tot ce spuneți este adevărat, însă nu se poate ca pentru tot să fie vinovat numai el..." Ei, și atunci te ciocnești imediat de o reacție negativă. Atâta timp cât omul se plânge și tu îl compătimești, totul este în regulă, dar imediat ce-l chemi să privească și se cerceteze în mod critic pe sine însuși, îți spune: „Da, sigur", dar se înstrăinează imediat. O asemenea întorsătură nu prea îl mai interesează. Există, desigur, și excepții. Uneori, omul este gata să facă acest efort, însă foarte greu.

Ca atare, este foarte important pentru fiecare din soți să știe să-l înțeleagă pe celălalt și să privească situația cu ochii lui...

Ce mai împiedică păstrarea dragostei?

Incapacitatea de a te privi în mod critic pe tine însuți.

Foarte des împiedică lipsa dorinței de a-ți accepta soțul așa cum este, punerea de condiții: „Trebuie să devii așa și pe dincolo, altfel nu am nevoie de tine." Năzuința de a-l ajuta pe celălalt să devină mai bun este, în principiu, o dorință firească și bună. Dacă văd neajunsurile soției mele și vreau ca ea să le depășească – dar pe de altă parte trebuie și să înțeleg cât este de greu și în ce măsură lucrul acesta depinde de cât mă voi schimba eu.

Nu demult stăteam de vorbă cu un tânăr. În familia lor pare a fi totul în regulă, dar el iubește poezia, pe când ea nu, și îl tot ia peste picior pe această temă. Bine, nu-ți place poezia, nu-ți place, dar măcar dă dovadă de respect față de această dragoste a lui – sau, și mai bine, străduiește-te să îndrăgești sau măcar să înțelegi ceea ce îi e drag omului tău iubit. Să nu-l rănești însă în nici un caz.

Iată ce este important. Dacă omul pe care îl iubesc are anumite valori în viață în afara iubirii noastre, trebuie să mă strădui ca ele să devină și valorile mele, iar dacă nu s-a întâmplat asta, măcar să am respect față de ele.

Cum să recapăt iubirea soțului (soției)?

O să vă dau un răspuns neașteptat la prima vedere. Ce face fata când vrea să placă? Se împodobește! Și sufletul nostru să facă același lucru. Cu cât mai frumos și mai luminos o să-mi fie sufletul, cu atât mai mare este probabilitatea că el o să atragă din nou dragostea. Iar dacă nu va reuși, eforturile nu vor fi, oricum, în zadar. A fi frumos lăuntric are, în orice caz, valoare în sine.

De altfel, aici totul depinde de motivul pentru care cel pe care l-am iubit și îl iubesc nu mă mai iubește. Dacă el a descoperit în mine ceva respingător, am interesul să înţeleg ce anume şi să fac efortul de a elimina lucrul respectiv. A încerca să obţii dragostea omului iubit este un lucru demn şi atractiv, numai că trebuie făcut corect. Nu trebuie să ne înjosim, să pretindem, să implorăm, să acuzăm, să ameninţăm şi să facem istericale, aşa cum se întâmplă adeseori, ci să devenim mai buni, mai frumoşi sufleteşte. Aici mi-aş îngădui să-l parafrazez pe Apostolul Pavel, care a spus una dintre cele mai frumoase vorbe din lume: *nu te lăsa biruit de rău, ci biruieşte răul cu binele* (Rom. 12, 21). Uite aşa, să biruim neiubirea prin iubire.

## Înțelegeți-l pe celălalt în clipa ispitei

IRINA MOȘKOVA, PSIHOLOG

Iubirea pentru un altul în căsătorie este o încercare foarte serioasă.

Cel mai des este vorba de o infidelitate din partea soțului, și încercarea cea mai grea cade pe umerii femeii. De obicei începe imediat zâzania, vrajba. Trebuie să găsim puteri pentru a proceda corect, pentru a nu ne năpusti asupra soțului cu mânie, cu acuzații, cu reproșuri: „Aha, uite cine mi-ești; nenorocitule, măgarule, pentru cine mi-am sacrificat eu anii cei mai buni din viață!" Ca răspuns la aceste acuzații, soțul spune: „Să știi că nu m-aș fi dus la alta dacă te-ai fi purtat altfel; m-am săturat de tine, mi-ai mâncat sufletul" și așa mai departe. În aceste învinuiri reciproce, oamenii își omoară dragostea, răspund cu rău la rău, dezvoltarea evenimentelor urmează modelul „bulgărelui de zăpadă", și rezultatul este că în cele din urmă căsnicia se destramă.

Știu și exemple când în familie a apărut din partea soțului sau soției interes față de cineva, dar oamenii nu au divorțat. Au trecut prin asta ca printr-o încercare care le-a oferit prilejul să reflecteze, să tragă nişte învăţăminte: „Dacă un asemenea interes a fost posibil, înseamnă că relaţia noastră are lipsuri, că nu ne împlinim nevoile unul altuia" – şi soţii nu şi-au făcut reproşuri, ci au încercat bărbăteşte să depăşească situaţia cu răbdare.

Am întâlnit şi istorii – foarte rare – cu oameni care au găsit în ei bărbăţia de a-i da drumul celuilalt fără reproşuri. Situaţia aminteşte parabola fiului risipitor: unul spune deodată: „Ceea ce îmi dai tu nu mă aranjează, vreau să trăiesc o altă viaţă." În parabola despre fiul risipitor, tatăl îi dă drumul fiului cu amărăciune, înţelegând că el nu se duce la o viaţă mai bună, şi cu toate acestea nu-i limitează libertatea; poate că a şi făcut apel la bunul simţ, dar văzând că vorbele n-au efect i-a dat totuşi drumul. Şi în situaţia din căsnicie unul dintre cei doi hotărăşte deodată să caute o viaţă mai bună. Celălalt înţelege că el e purtat de val, că trece printr-o ispită puternică, în faţa căreia nu poate rezista, şi hotărăşte să îi dea drumul pentru o vreme, continuând să se lupte pentru el duhovniceşte, fără să-i facă reproşuri, ci înălţând pentru el rugăciuni ca Domnul să-l înţelepţească şi să-i ierte greşeala. Şi uite că atunci când femeia se poartă în acest fel, extrem de jertfelnic, cu mărinimie, încercând să rabde, adunându-se ghem înăuntrul său, nădăjduind că bărbatul e în stare să-şi vină în fire, să-şi amintească de cei mai buni ani ai vieţii, să-şi amintească de sentimentele care îi legau înainte; când femeia începe, după cum spuneam, să ceară ajutor de la Dumnezeu, să se roage fierbinte şi sincer, există cazuri când bărbatului îi revine subit raţiunea, face pasul înapoi şi cere iertare. Viaţa începe iarăşi, femeia găseşte puteri să-l ierte.

Iată care este lucrul principal: unul găsește puteri să ceară iertare, să-și calce pe orgoliu, iar celălalt găsește puteri să-l ierte cu mărinimie. În cazul acesta, cei doi se unesc și mai strâns și își continuă viața cu simțământul că trebuie să dea relației lor o prețuire fără margini, pentru că există și asemenea precedente: astăzi a înșelat soțul, mâine înșală soția. Importantă e capacitatea de a-l înțelege pe celălalt în clipa grea a ispitei, de a nu condamna, ci a înțelege ce îl mână pe celălalt, de ce omul s-a lăsat pradă ispitei, de ce a slăbit, și să-i dea acest ajutor și sprijin prietenesc.

Altceva este faptul că atunci când este înșelată, soția, cred eu, ar trebui să pună problema încetării relațiilor conjugale. Atâta timp cât soțul continuă s-o înșele, soția trebuie să pună tabu asupra apropierii fizice, altfel ajunge la același nivel cu amanta: acolo amanta, aici soția, și el merge de la una la alta. Dar soția nu e amantă, ea e în primul rând ajutoare și prietenă – ajutoare în viață, nu ajutoare în gospodărie. Și dacă este gata să se poarte în situația aceasta ca un prieten, dacă e în stare de această jertfă, limitând pentru o vreme relațiile conjugale, ea îi arată soțului că ceea ce este între ei e mai presus de așternut, că între ei există în primu rând legături sufletești, duhovnicești, indestructibile. „Tu ești pentru mine omul meu drag, și niciodată nu voi schimba asta pe sex."

Experiența arată că o astfel de purtare înțeleaptă, mărinimoasă și castă a femeii îl silește pe bărbat să cadă pe gânduri. El începe s-o aprecieze ca soție, ca prietenă, ca om iubit, care nu l-a respins în clipa cea grea, și ca mamă a copiilor lui. În cazul acesta, femeia câștigă nu numai în această situație, ci tot viitorul său. Bărbatul care a trecut prin asta şi-a văzut soţia şi a apreciat personalitatea ei şi, bineînţeles, nu va năzui să o părăsească.

Odată a venit la mine o pereche, şi aş vrea să-i fac o plecăciune adâncă femeii aceleia, care s-a ciocnit de infidelitatea bărbatului. Acestuia începuse să-i meargă cu munca, să câştige mult, a început să bea şi a plecat la alta. Ea a găsit puterea de a-i da drumul fără reproşuri. S-au despărţit, el s-a însurat cu cealaltă, dar apoi a ajuns într-o situaţia grea: la serviciu a dispărut o sumă mare de bani, şi el, vrând să ascundă faptul, a comis un furt; a fost judecat şi a ajuns la închisoare. Numai ajungând la închisoare, când a doua soţie s-a dezis de el, a început să se gândească la sensul vieţii şi a înţeles că păţania lui nu e o întâmplare, ci o pedeapsă pentru păcat. Nu era credincios, însă a văzut limpede că în viaţa lui a existat o faptă mârşavă: atunci când şi-a părăsit soţia şi copilul, plecând la altă femeie. A înţeles totul şi şi-a promis că atunci când va ieşi din închisoare se va duce la soţia sa şi-i va cere iertare, cu toate că nu trăgea nici o nădejde să o primească. S-a dus la ea după opt ani. Ea a găsit puterea nu numai să-l asculte, ci să-l şi ierte. S-au căsătorit iarăşi, s-au cununat, au început să meargă la biserică. Ei i-am pus întrebarea: „Ce simţiţi acum, că trăiţi cu un om care v-a înşelat, v-a trădat într-un asemenea hal, ce v-a dat putere să procedaţi în felul acesta?" Ea mi-a zis: „Înţelegeţi, eu l-am iubit întotdeauna, am crezut întotdeauna că este bun."

Iată încă o însuşire a iubirii adevărate, care *toate le acoperă, toate le crede*. Cu spiritul său de sacrificiu, iubirea adevărată este capabilă să acopere neajunsurile celuilalt, este capabilă să fie iubire plină de mărinimie, de abnegație, care vede doar binele, ca și cum nu ar fi nimic rău, cu toate că răul pare a fi foarte mult. Uite că și ea l-a primit iarăși, și îmi spunea: „Nici nu vă închipuiți ce fericită sunt, acum avem o relație extraordinară." Omul a trădat, a înșelat, și cu toate astea căsnicia a devenit mai puternică. Nu orice femeie va proceda așa și nu orice femeie se va păstra știind că soțul ei a plecat la alta – pentru că ea i-a rămas fidelă, cu credința că el este bun, și-a crescut copilul fără să caute alt bărbat. Ea i-a dat posibilitatea să se desfete de libertatea aceea aparentă, exact ca în parabola despre fiul risipitor: omul a plecat într-o țară îndepărtată, acolo a mâncat, a băut, s-a distrat până când a cheltuit totul, iar după era gata să mănânce împreună cu porcii mâncarea lor și s-a întors acasă cu pocăință.

Apropo, când oamenii se cunună preotul le amintește tinerilor parabola despre fiul risipitor. Ca o mamă, Biserica ne amintește că în viața noastră pot apărea situații când, respectând libertatea personală a celuilalt, accepți chiar și o alegere greșită pe care o face. El poate greși, te poate trăda, dar dacă între voi există sentimente cu adevărat profunde, vei putea să nu îl condamni, ci să-l înțelegi, vei putea să te porți corect, în așa fel încât să-l aduci la pocăință, încât să se poată întoarce cu o experiență, fie ea și amară. Ce înțelepciune este cuprinsă aici! Iar noi nu auzim: preotul citește ceva, se face schimbul inelelor, se pun cununiile... Or, Biserica le propune oamenilor ceva ziditor, încearcă să le dea o pregătire: „Gândiți-vă că vă așteaptă o viață grea. V-ați îndrăgit, dar sunteți gata de încercările care vă pot aștepta în cale? Căci fiecare dintre noi poate să înșele, să trădeze... Sunteți gata să fiți alături de celălalt, ca prieten, în clipa cea grea?"

Or, noi gândim altfel: ochi pentru ochi, dinte pentru dinte; tu m-ai înșelat, te înșel și eu. Odată a venit la mine o femeie pe care soțul o înșelase. Se dusese la un psiholog absolut necredincios și primise următoarea recomandare: „Și ce dacă? Rău a făcut, te-a înșelat, te-a trădat, înșală-l și tu." Lucrul cel mai trist este că femeia a îndeplinit această recomandare. După aceea a venit la mine și a izbucnit în lacrimi amare.

Ca să putem acoperi cu dragostea noastră răul pe care ni l-a făcut celălalt ni se cere un nivel duhovnicesc de înțelegere a vieții. Ochii noștri trebuie să fie deschiși spre vederea binelui și a răului. Când problema se pune la un nivel primitiv: „Tu mi-ai făcut mie, îți fac și eu ție", ajungem foarte repede la un asemenea model comportamental; prietenele, prietenii asta ne sfătuiesc: „Plătește-i cu aceeași monedă." Dacă omul iubește cu adevărat, niciodată nu se va irosi pentru lucruri de nimic, nu va căuta surogate. Chiar dacă este o dragoste neîmpărtășită și are de suferit din această pricină, omul poate trăi mai departe cu această dragoste.

# Trebuie făcut totul pentru evitarea divorțului

PROTOIEREUL SERGHIE NIKOLAEV

– *Din păcate, mulți oameni văd că au făcut o alegere nechibzuită, o căsătorie greșită numai atunci când încep problemele în familie. Ce să facă aceștia, să se împace cu destrămarea familiei lor, să se despartă și să întemeieze una nouă, sau, cu toate lucrurile care au mers prost, să se străduie să păstreze familia?*

– Eu cred că în orice caz trebuie depuse eforturi spre păstrarea familiei, deoarece chiar dacă omul este necredincios sau neîmbisericit, legile duhovnicești acționează asupra lui la fel cum acționează asupra tuturor celorlalți. Iar noi știm legea: *cel ce va răbda până la sfârșit, acela se va mântui*. Omul care rabdă, care se sacrifică în mod conștient, capătă odihnă duhovnicească. După cum spune starețul Paisie Aghioritul, „când arunci din tine propriul eu, în tine Se aruncă Hristos". Cuviosul Pimen cel Mare a spus: „Dacă vom căuta odihna, va fugi de la noi, iar dacă vom fugi de odihnă, va fugi ea după noi."

Aici, bineînțeles, se are în vedere jertfa de sine. În familie nu se poate fără jertfă de sine. Dacă omul caută numai propriile plăceri, este condamnat în familie la disconfort. Fără doar și poate că n-o să-i placă o mulțime de lucruri. În general, pentru egoiști viața e foarte grea, iar în familie e și mai rău.

Dacă a apărut gândul la divorț, în primul rând trebuie înțeles faptul că de situația conflictuală nu poate fi vinovat doar unul dintre soți. Străduiți-vă să faceți împreună lumină în ceea ce se petrece.

Dacă divorțul n-a avut încă loc, primul lucru pe care l-aș face eu ar fi să mă rog pentru ca el să nici nu aibă loc, pentru concilierea conflictului.

În general, în toate conflictele este important ca soții să nu țină în ei supărarea, ci să discute, să se străduie să iasă unul în întâmpinarea celuilalt. „Haide să stăm de vorbă. Haide să stăm de vorbă, care-i problema? Dacă tu crezi că sunt vinovat, explică-mi cu ce am greșit." Și, după cum arată experiența mea de viață, după o asemenea discuție e foarte bine. Omul se simte ușurat, primește har, fiindcă a dat dovadă de smerenie. Iar până când explicația nu are loc, îi este greu, are o povară pe suflet. Și este absolut stupid să te încăpățânezi, să te fixezi pe ideea orgolioasă: „Cum să fac eu pasul spre împăcare (să cer iertare) primul?" Chiar dacă ești soț, capul familiei, fă primul acest pas. Tocmai atunci o să fii primul!

Și atunci când divorțul este la orizont trebuie discutat. „Să stăm de vorbă. Explică-mi. De ce?" Nu pot examina aici toate situațiile posibile, dar dacă, să zicem, soțul pleacă la altă femeie, poate fi întrebat cu compătimire: „Dar pe urmă? Poate că o s-o părăsești și pe ea? Cât o să poți trăi cu ea?" În general, trebuie făcut apel la o perspectivă lucidă asupra situației. Rugându-vă, veți găsi cuvintele potrivite.

*– Spuneți că familia trebuie păstrată în orice caz – dar unii preoți spun că în cazul în care unul dintre soți l-a înșelat pe celălalt nu mai există, de facto, familie, căci atunci când are loc infidelitatea poate că nu mai există deja dragoste, cel puțin la una din părți...*

– Problema dragostei este foarte complexă. Mark Twain zicea: „Nimeni nu poate spune ce este dragostea până când n-a fost căsătorit, ca mine, douăzeci și cinci de ani."

Da, se poate constata, strict vorbind, că nu mai există căsnicia. Ea însă poate fi refăcută, nu? Să divorțezi cu ușurință după ce soțul te-a înșelat înseamnă a-ți condamna jumătatea să păcătuiască în continuare – și, mai mult, să păcătuiască de moarte. Cum putem face asta dacă suntem creștini?

Dacă îl iubesc pe omul acesta, faptul că m-a înșelat este pentru mine o lovitură cumplită – dar dacă după aceasta mă despart de el, îi închid calea întoarsă, nu-i mai las decât două căi: fie să se căiască și să trăiască până la sfârșitul vieții în celibat, aceasta fiind singura cale spre răscumpărarea păcatului, fie calea curviei, căci și dacă se va căsători cu noua sa aleasă, tot săvârșește preacurvie. Chiar dacă acum, după divorț, poți chiar să te cununi din nou, aceasta totuși este, după spusele stareților, curvie.

Ce-l sfătuiesc sfinții pe cel care păcătuiește? Să se întoarcă la unica lui soție. Iar în caz de divorț, soția îi închide această cale.

Am o cunoscută care a divorțat de soțul său pentru simplul fapt că era alcoolic. S-a măritat cu un alt bărbat, un om foarte cultivat. Ei bine, și acesta a început să bea (ca un om subțire, fără se facă pulbere; bea vin sec, dar tot timpul). Iar primul ei soț și-a pus capăt zilelor. Cum va putea ea să trăiască având pe conștiință lucrul acesta?

Așadar, oricât de greu ar fi, nu trebuie să ne gândim doar la noi, cu toate că, potrivit legii, în caz de infidelitate, da, ai dreptul să divorțezi. Poate că partea lezată nu are păcat, însă, oricum, manifestarea celei mai înalte iubiri și abnegații este să te străduii să te smerești și să ierți.

*– Se poate trasa o limită până la care trebuie să rabzi? Căci se întâmplă și ca soțul să-și bată soția, să-i vatăme sănătatea.*

– Probabil că această limită este treaba conștiinței fiecăruia. Omul trebuie să-și aprecieze singur capacitățile. Cuviosul Ambrozie de la Optina spunea că orgoliul, „dacă îl atingi cu un deget, strigă că-i jupuit de viu". Adeseori nu ne doare trupul, ci sufletul, și anume orgoliul.

Odată a venit la mine o tânără și mi-a zis: „Părinte, uite că ne-am cununat, dar ne-am despărțit, cum se face una ca asta?" De parcă eu eram vinovat... I-am răspuns: „Păi cum se face că eu v-am cununat, dar v-ați despărțit?" „Am trăit împreună doar două luni." „Și ce s-a întâmplat?" „Păi bea." Se ridică întrebarea: dacă bea dinainte de a vă căsători voi, de ce te-ai măritat cu el? Iar dacă nu bea, de ce a început să bea? Doar n-o fi devenit alcoolic în două luni cât ați trăit împreună, nu puteai să rabzi puțin? Să-l îndemni, să-l lămurești că nu poți să trăiești cu un asemenea om și așa mai departe...

Alt caz, cu o pereche care a trăit împreună douăzeci de ani. Soțul, hocheist, a ajuns la spital cu ruptură de tendon ahilean, a terminat cu sportul. S-a văzut invalid, nu mai putea să alerge, să patineze. În spital s-a aflat într-o stare sufletească apăsătoare, datorită faptului că nu mai putea să practice ocupația îndrăgită și trebuia să-și caute altă muncă. În starea asta, în cârje, s-a întors din spital acasă, și chiar în aceeași zi, după ce trăise cu soția douăzeci de ani în deplină înțelegere, s-au certat, cum se spune, la cuțite. Și-au spus unul altuia lucruri groaznice – bineînțeles, din orgoliu. Amândoi – persoane de notorietate. Unul a zis ceva, celălalt n-a răbdat, și în concluzie soțul a zis: „Plec." Soția: „Păi, pleacă." După aceea, el îmi povestea: „Păi, sunt bărbat, trebuie să răspund pentru vorbele mele. M-am ridicat și am plecat." I-a zis soției: „Plec, dar să știi că nu mă întorc la tine primul" – la care ea: „Nici eu nu mă întorc la tine prima". Și amândoi au rămas „fermi pe pozițiii". S-au părăsit unul pe celălalt.

După aceea, el îmi spunea: „O respect pentru asta." La care eu: „Pentru ce s-o respecți? Și-a bătut dracul joc de voi." Acum se duc la părinți – el cu noua soție, ea cu noul soț – și stau împreună. Alături de el soția nouă, soția veche. Pentru toți este o situați îngrozitor de penibilă, de neplăcută... Și de ce toate astea? Numai din cauza orgoliului.

Eu cred în orice caz că trebuie să ne străduim să păstrăm familia. Mă rog, dacă viața unuia dintre soți este pusă în pericol...

Uităm și de puterea rugăciunii. Nu se poate să luăm cu ușurință hotărârea de a divorța, pentru că omul nu devine deodată o amenințare pentru familie. De unde începe asta? Prin rugăciune putem lupta împotriva necazului. Chiar și pentru oamenii neîmbisericiți rămâne în picioare aceeași recomandare: să se convingă de faptul că rugăciunea poate să ajute și ajută.

Am un fost coleg de școală, doctor în științe, dar cu slăbiciune pentru băutură. Când începea să bea, se îmbăta, nu se mai putea opri. Era deja căzut cu totul în patima beției, avea probleme mari la serviciu, și soția lui a hotărât să meargă la Serpuhov, la icoana Maicii Domnului „Potirul nesecat". Acolo s-a rugat, a luat agheasmă şi a început să-i toarne câte puţin în mâncare – şi omul s-a lăsat, puţin câte puţin, de băut. Deşi soţia era om puţin îmbisericit (se împărtăşea poate o dată, de două ori pe an, posturile nu le ţinea), a avut totuşi dorinţa bună, a început să se roage, şi Domnul i-a ajutat.

Când ni se pare că soţul sau soţia ne necăjesc pe nedrept, trebuie să ne amintim încă o lege duhovnicească, despre care Sfântul Ioan Gură de Aur vorbea aşa: „Cercetează-te pe tine însuţi: nu cumva ai uneltit ceva în tinereţile tale împotriva vreunei femei? Dacă aşa stau lucrurile, să ştii că necazul făcut altei femei este răzbunat de altă femeie şi rana străină este vindecată de însăşi femeia ta. Chiar dacă ea nu îşi dă seama de asta, Doctorul – Dumnezeu – ştie... Iar cât priveşte faptul că soţia rea este pedeapsă pentru păcate, despre aceasta dă mărturie Dumnezeiasca Scriptură, care spune că soţia rea i se dă bărbatului păcătos. Ea i se dă ca doctorie amară, ce nimiceşte sevele păcatului." Să ne amintim de greşelile noastre şi să ne smerim.

În general, în relaţiile de familie orgoliul şi mândria sunt vrăjmaşii cei mai periculoşi. Dacă nu există smerenie, viaţa de familie normală este imposibilă, în principiu. Lucrul principal în viaţa de familie este să-l rabzi pe celălalt. Şi lucrul acesta e foarte greu. Una este să rabzi pe cineva într-o anumită situaţie şi altceva este să-i rabzi toate neajunsurile timp de mulţi ani. Acesta e un mare efort. Fără ajutorul lui Dumnezeu este imposibil. Tocmai de aceea Biserica sfinţeşte căsătoria prin Taina Cununiei. Prin aceasta se dă harul, fără de care este puţin probabilă o viaţă de familie normală.

Dacă în cineva s-a născut ranchiuna din pricina anumitor probleme de familie, trebuie să încerce să facă lumină în ea, să se gândească de unde vine. Să clarifice lucrul acesta singur, fără se agațe de fraze banale cum ar fi: „Cum a putut!", „Nu pot să mai suport!", „Asta a fost ultima picătură!" Viața nu este cinema: ea trebuie trăită, nu jucată pe roluri. Îmi amintesc de o soție. Aceasta întreba, cu îndreptățită nemulțumire și patetism: „Cum a putut să ridice mâna asupra mea?" „Și ce dacă?", am întrebat-o. „Ți-a făcut vreo vânătaie?" „Nu, dar a făcut asta în fața copiilor!" Bineînțeles, el procedase rău. Chiar foarte rău. Dar dacă tu vei face scandal din pricina asta va fi de două ori mai rău. Tu nu trebuie să arăți în fața copiilor că tatăl lor este rău. Iar că a greșit, asta se înțelege. După aceea, poate, va recunoaște. Dar nu, această frază sonoră: „A ridicat mâna asupra mea!" devine pentru ea o obsesie, o chinuie, și adeseori oamenii se despart din această cauză.

Trebuie neapărat să ne deprindem cu gândul că lucrul principal în viața de familie nu este plăcerea, ci răbdarea – și atunci dragostea, care este cauza întemeierii familiei, întărită prin harul cununiei, se schimbă, dar nu trece odată cu anii. Se manifestă alte aspecte ale ei: respectul, imensa bogăție a greutăților prin care cei doi au trecut împreună. Aceasta este pur și simplu o fericire: „Am depășit momentul acesta, și iarăși e totul bine!" Dragostea rămâne atunci când există conglăsuire, când omul își sacrifică interesele în interesul soțului său, respectiv soției sale.

De ce îmi place atât de mult tradiționala urare rusească ce se face tinerilor însurăței: „Să aveți înțelegere și dragoste"? Pentru că de va fi înțelegere, conglăsuire, va rămâne și dragostea. Această dorinţă cuprinde o enormă înţelepciune duhovnicească!

*– În filme – de altfel şi în viaţă, probabil – se întâlneşte deseori o asemenea scenă: după 10-15-20 de ani, soţul şi soţia se află alături, în acelaşi pat, şi deodată unul dintre ei înţelege că alături de el se află un om cu desăvârşire străin, cu care n-are ce să discute. Care este problema reală, faptul că la vremea respectivă nu şi-a ales pe cineva cu interese apropiate sau cel că dragostea a pierit şi din această cauză deosebirea, să zicem, de gusturi muzicale i se pare o problemă atât de mare?*

– Înseamnă că ei n-au rămas cu nimic din toate experienţele prin care au trecut.

În general, ce este dragostea? Cuvântul acesta acoperă trei aspecte: cel duhovnicesc, cel sufletesc şi cel trupesc. Componenta duhovnicească trebuie neapărat să fie prezentă în dragostea dintre soţi. Cea trupească poate slăbi odată cu anii, pe când cea duhovnicească nu face decât să crească într-o căsnicie deplină.

Ce dragoste au în vedere soţii atunci când spun că dragostea a pierit? După cât se vede, dragostea lor trupească a trecut, iar cea duhovnicească nu s-a manifestat! Sau nici măcar nu a existat... Iar de asta sunt vinovaţi chiar ei, fiindcă Domnul a zis: *poruncă nouă dau vouă, să vă iubiţi unul pe altul* (In 13, 34). Dacă cineva vrea să iubească pe altcineva, Domnul îi va da har s-o facă.

Se pune deseori întrebarea: „Dar ce să facă dacă s-a îndrăgostit de altul?"

Fără îndoială că vom întâlni în viaţă oameni mult mai frumoşi, mai inteligenţi, mai interesanţi decât soţia noastră, respectiv soţul nostru. Domnul îngăduie să-i întâlnim pe acești oameni ca să fim puși la încercare, să dovedim că suntem creștini. Dacă rămân credincios familiei mele, Îi rămân credincios lui Dumnezeu.

*– Deseori, cauza divorțului constă în mamele sau prietenele (prietenii) soției, respectiv soțului.*

– Atunci când după cununie le predic tinerilor însurăței, le amintesc cuvintele Apostolului, care arată că familia este o „mică Biserică", iar Biserica este sfântă și neprihănită. Ca atare, nimic din ceea ce poate încălca integritatea și sfințenia Bisericii casnice nu trebuie să intre în ea.

Atât soțul, cât și soția trebuie să păzească din toate puterile această mică Biserică. Nu trebuie să le faceți confidențe deosebite altora nici măcar cu privire la lucrurile care vă îngrijorează. Absolut inadmisibil este să discutați despre viața voastră familială cu prietenele, mai ales cu cele nemăritate. „Uite ce mi-a zis!" „Păi răspunde-i și tu așa și pe dincolo!" – și deja a fost aruncată sămânța viitorului divorț.

Soția nu trebuie să-și permită să-și pună nici măcar în gând întrebarea: „Cum a putut să-mi spună așa ceva?!", pentru că totul începe de la gânduri...

Același lucru se întâmplă cu mamele. Știu câteva cazuri când mamele și-au divorțat fiicele. Cauzele principale sunt dorința de a fi singurele posesoare ale copilului lor și invidia, căci se întâmplă, din păcate, ca mamele nemăritate să fie invidioase – poate în mod inconștient – pe fericirea fiicelor măritate, și sapă, sapă, până când clădirea căsătoriei se prăbușește.

Știu o familie care numai printr-o minune nu s-a destrămat. Aici este implicată o mamă necăsătorită, cu o singură fiică. Aceasta nu-şi imaginează viaţa în afara intereselor fiicei – este pensionară, ce altceva să facă – şi pe ginerele său – om nebăutor, nefumător, credincios, cumsecade, frumos, talentat, muncitor, bun ca pâinea caldă, care ajută pe toată lumea, un om rar, ce mai! – îl urăşte. El spune: „Nu ştiu ce să fac! Mă tem că la noi acasă o să se lase cu moarte de om! Trec pe lângă ea, îmi spune: «De-ai crăpa!» Pentru ce?! Beau, îmi fac de cap?" Singurul lucru pe care şi-l permite este că merge la biserică duminică de duminică. A plecat deja să locuiască pentru o vreme la părinţii lui. Dacă era necredincios, era demult divorţat. Ce-i drept, s-a însurat după ce a păcătuit şi ea voia să facă avort...

– *Cum să treci peste divorţ dacă el e deja inevitabil?*

– Trebuie să ne aducem aminte întotdeauna că orice om este o fiinţă liberă. Copiii devin foarte des altfel decât am vrea noi să-i vedem, însă acesta e dreptul lor. El e copilul tău, dar nu este sclavul tău. Dumnezeu l-a făcut prin tine, însă i-a dat voinţă liberă. Până şi copilul, trup din trupul tău, are dreptul la propria viaţă! Dacă părinţii nu-i respectă părerea, drepturile lui la viaţă personală, nu va avea o relaţie bună cu ei. Cu atât mai mult soţul sau soţia. El este alt om. Are dreptul să dispună singur de viaţa sa. Şi chiar s-o distrugă. Lucrul acesta trebuie înţeles. Poate că este dureros, dar este indispensabil.

Căsătoria îi uneşte pe soţ şi pe soţie într-un singur trup, divorţul sfâşie acest trup comun. Dureros. Se întâmplă însă ca oamenii să sufere un accident de maşină, să se îmbolnăvească de boli cumplite. Tot dureros este, dar trăiesc mai departe... Închipuiţi-vă că vi s-a cangrenat piciorul. Ce este de făcut? Fără picior este foarte rău, însă el trebuie tăiat. Trebuie să te obişnuieşti să trăieşti fără picior.

Să treci printr-un divorț este mult mai greu dacă ții ranchiună – împotriva soțului sau soției, împotriva sorții, adică împotriva lui Dumnezeu... Cea mai mare piedică este în această privință orgoliul. „Cum adică, a preferat o altă femeie?! Ce, eu sunt mai proastă, mai urâtă?"

Foarte des, omul își părăsește tovarășul sau tovarășa de viață pentru cineva care nu se distinge prin frumusețe, prin bogăție. Trebuie reflectat: de ce s-a întâmplat asta? Poate te-ai îngâmfat față de el fără să-ți dai seama?

Știu un caz: soția cu studii superioare, soțul – fără. S-au căsătorit de timpuriu. Au făcut doi copii. Și el a plecat deodată. Ea se miră: „Nu pot să înțeleg. O cunosc, s-a culcat cu tot cartierul, și el a plecat la ea?!" I-am spus: „Poate că l-ai făcut să se simtă inferior..."

– *Una dintre întrebările tipice pe care și le pun multe femei în momentul divorțului sună așa: „I-am dăruit totul, am trăit numai pentru el, cum a putut?"*

– Întrebare tipică a orgoliului. În femeie este mult mai mult orgoliu decât în bărbat, pentru că femeia este o ființă mult mai emoțională, îi e mai greu să se controleze. În situația de divorț trebuie totuși să „băgăm în priză" rațiunea și să ne conștientizăm greșelile – și când omul se smerește, când recunoaște că și el are o mulțime de neajunsuri (pentru că toți avem foarte multe păcate, și pe cele mai multe dintre ele nu le vedem), care sunt și ele de vină pentru divorț.

Când omul începe să dea vina pe sine însuși, începe să-i fie mai ușor, pentru că omul care se îndreptățește pe sine se lipsește de harul lui Dumnezeu, după cum spune starețul Paisie Aghioritul – iar fără harul lui Dumnezeu cum să trăieşti şi, cu atât mai mult, cum să înduri greutăţile, necazurile, bolile? Şi dimpotrivă, când omul începe să dea vina pe sine însuşi, să se căiască măcar în faţa conştiinţei sale, se simte imediat uşurat, pentru că vine harul.

Vreau să amintesc cunoscuta istorisire despre cearta dintre doi monahi, când unul s-a hotărât să procedeze evanghelic şi să meargă să ceară iertare primul. Celălalt nici n-a vrut să stea de vorbă cu el, şi conflictul a continuat. Primul s-a dus la un stareţ, şi stareţul i-a explicat: „Când te-ai dus să ceri iertare, în sinea ta te îndreptăţeai, iar pe el îl învinuiai. Încearcă să faci pe dos." Atunci, călugărul a început să se învinuiască pe sine însuşi, iar pe fratele său să-l îndreptăţească, şi când s-a dus la chilia fratelui a văzut că acela îl aşteaptă la uşă cu braţele deshise, pentru că harul lui Dumnezeu dăduse vestire inimii lui.

Aşa e şi în viaţa de familie. Trebuie să atragem harul lui Dumnezeu prin smerenie, prin mustrarea de sine. Dacă veţi proceda contrar legilor duhovniceşti nu va fi nimic de făcut, va trebui să suferiţi. Cu ele nu te pui, ele există şi acţionează la fel de imperios ca legea gravitaţiei.

– *Cum să aplicăm la noi înşine cuvintele Apostolului Pavel: „Iar dacă s-a despărţit, să rămână nemăritată sau să se împace cu bărbatul său" (I Cor. 7, 11)?*

– Trebuie să-ţi evaluezi forţele şi să alegi cel mai mic dintre două rele. Dacă nu poţi să păstrezi celibatul, poţi să intri în a doua căsătorie, dar e mai bine să rămâi aşa, chiar dacă prin infidelitate a păcătuit celălalt.

Dacă se va căi şi va vrea să se întoarcă? Dar chiar dacă nu se va întoarce, păstrarea celibatului va fi mai valoroasă din punct de vedere duhovnicesc.

Nu demult am avut următorul caz. Un bărbat de 45 de ani s-a combinat cu o demoazelă, proaspătă absolventă de facultate. A plecat de la nevastă, a închiriat un apartament. I-am zis: „Faci o mare prostie, fiindcă voi n-o să aveți familie. Închipuie-ți ce va fi după douăzeci de ani. Ea va avea patruzeci și ceva, pe când tu vei fi moș. Ea va avea tentații, cu atât mai mult cu cât și acum se poartă așa. Este clar că ți s-au întunecat mințile, asta nu o să țină mult. Și pe urmă, gândește-te, poate să vină un copil... Situația asta pur și simplu te va strivi, nu vei ști ce să mai faci."

Chiar așa s-a și întâmplat: după un an, ea l-a părăsit. În Postul Mare a început, în Postul Mare s-a și sfârșit. Ispită. S-a întors omul acasă, la nevastă. Bineînțeles, acesteia i-a venit foarte greu, a început să o doară inima, a îmbătrânit – însă primindu-l a procedat din punct de vedere creștinesc foarte elevat și foarte corect.

De altfel, și omenește vorbind este rațional așa. Nu-ți cunoști bine soțul, soția, cum poți să ai încredere în cineva nou? Nu cumva o să iasă în așa fel încât la bătrânețe n-o să mai aibă nevoie de tine și o să fii singur? Copiii pot să spună: „Nu vreau să-l îngrijesc. Unde a fost când îmi era greu, unde a fost când am dat la facultate? Ne dădea ca la cerșetori, pe când mama a trebuit să-și ia trei servicii ca să mă țină."

Așadar, „a fost ispită, însă am depășit-o". El are vreme de pocăință, ca să-și șteargă vina față de soție. Poate că atunci când se va smeri va deveni un soț mai bun decât înainte de a o înșela.

*– Dar poate că, mai ales la vârste mai tinere, se întâmplă și invers: omul a „călcat strâmb", s-a convins că e aștep-*

*tat, că poate să plece şi să se întoarcă, şi data următoare va pleca şi mai uşor.*

– Există şi oameni fără conştiinţă. Profunzimea căderii morale poate fi oricare. Într-un asemenea caz, dacă omul pur şi simplu te epuizează prin comportamentul său, dacă e lipsit de speranţă, poate fi părăsit. Ce să-i faci, se întâmplă şi aşa: „În mine a murit totul faţă de el."

În spatele aceloraşi cuvinte, în diferite familii se ascund situaţii diferite, stări sufleteşti diferite. Aici nu poate fi vorba de sfaturi universale. Fiecare trebuie să-şi examineze singur situaţia. Recomandările pot fi numai orientative. Omul trebuie oricum să-şi asculte conştiinţa.

# După divorț este indispensabilă eliberarea de „complexul victimei”

IRINA RAHIMOVA, PSIHOLOG

Divorțul, infidelitatea, trădarea sunt aproape întotdeauna un moment neașteptat. Neașteptat este faptul că omul iubit trăia o viață a sa. Fiecare dintre cei doi trăia o viață a sa: unul trăia în lumea iluziilor, închipuindu-și că totul este clar, că totul este ok, că totul este în ordine, iar cel de-al doilea, după cum se arată pe neașteptate, trăia cu o anumită povară grea.

Este posibil să nu observi că omul care trăiește alături de tine e frământat de anumite sentimente? Atunci îți lipsește un anume organ de simț, lipsește un anumit nivel important de apropiere. Dacă nu ați observat asta, poate că relațiile din familia voastră erau destul de superficiale. În multe familii, oamenii trăiesc fără a se strădui să se cunoască unul pe celălalt în profunzime. Trădarea nu are loc așa, din senin! Într-un fel sau altul, trebuie să existe un teren. Dacă ți-ai ales ca tovarăș de viață pe cineva, înseamnă că respectivul are calitățile, virtuțile sufletești fundamentale? Nu prea este de crezut că v-ați ales un om rău, corect? Oamenii nu se nasc răi, devin răi. Poate că pur și simplu n-ați observat ceva, nu i-ați dat omului ceva ce îi trebuia? Mie mi se pare că foarte rar își părăsesc familia oamenii care primeau în ea tot ce le trebuia...

Adeseori, în momentul când jumătatea noastră ne declară că dorește să divorțeze, ochii ni se deschid și înțelegem unde am procedat greșit, ne simțim mai acut greșelile, recunoaștem îndreptățirea cerințelor pe care soțul (soția) le exprima înainte. Ni se pare că dându-ne seama de acest lucru vom putea deja să nu mai repetăm greșelile dinainte, că deja ne-am schimbat, că dacă el (ea) va rămâne, viața de familie va fi mai fericită.

Totuși, chiar dacă cel care vrea să plece admite posibilitatea întoarcerii, cu greu ne va crede imediat după multele dezamăgiri pe care le-a suferit. Și dacă prima discuție „de la suflet la suflet" n-a avut loc sau dacă ea nu a dus la nimic, dacă dorim să ne aducem înapoi soțul (soția) trebuie să ne străduim să nu pierdem contactul, să întreținem relații, să căutăm cheia.

Nu demult am avut un client cu o situație asemănătoare. Soția lui plecase de trei luni, și la toate tentativele lui de a o aduce înapoi ea răspundea construind bariere: nici un fel de sms-uri, nici un fel de cadouri, „sunt hotărâtă". Situația lor este foarte complicată. Foarte! Și totuși, el continuă să încerce tot ce se poate pentru a se apropia de ea. Și bine face, deoarece cu cât este mai mare distanța, cu atât oamenii se dezobișnuiesc mai mult unul de celălalt. Mai bine să ții legătura, să nu faci o pauză îndelungată în relații. Ceva cadouri, semne de atenție. Tot timpul să-i aduci aminte de tine omului. În primul rând, să îți recunoști vina. Omul care nu și-a conștientizat greșelile nu va putea să se schimbe și să schimbe situația. Și dacă cel care a plecat te lasă să comunici cu el, înseamnă că te observă și va vedea că te schimbi.

Reacția stereotipă a omului atunci când cineva se supără pe el este să se supere la rândul său și să se închidă în sine. Pe când așa, eu îi dau de înțeles celuilalt: „Nu m-am supărat, oricum te iubesc, chiar dacă tu ai hotărât așa, în pripă, să termini cu relația noastră."

Unele perechi trăiesc cu anii într-o stare de incertitudine, în pragul divorțului, dar situația aceasta ajută, totuși, mai mult „reglementării pașnice" a conflictului decât starea când unul dintre cei doi declară deja că intenționează să divorțeze. Dacă cuvântul „divorț" nu a răsunat încă, trebuie neapărat să luăm situația în mâini și să facem tot posibilul pentru a reface dragostea și relația, căci aveți încă posibilitatea de a comunica și puteți pe calea tratativelor pașnice, diplomatice, cu frumosul, să lămuriți ce vă împiedică să fiți fericiți împreună...

Dacă divorțul a avut deja loc și cel care a plecat trăiește deja cu un partener nou, adeseori apare o nouă problemă: nu suntem destul de hotărâți pentru a pune punct în istoria relațiilor noastre. Trebuie să punem însă acest punct și să începem o viață nouă. Suntem datori să facem tot ce trebuie pentru asta. Dacă aveți în continuare contacte cu fostul soț și acestea vă tulbură, trezind speranța întoarcerii lui, mai bine să ne luăm inima în dinți și să încetăm aceste contacte.

După ce rup contactul cu fostul soț, unele femei, mai ales cele care nu mai sunt la prima tinerețe, se grăbesc să se mărite a doua oară, temându-se să nu-și piardă atractivitatea – dar sufletul lor nu este încă gata de asta, o parte din ele se află încă în trecut.

În această situaţie nu trebuie să pretindeţi de la voi înşivă imposibilul. Dacă o mare parte a vieţii a vieţii voastre a fost legată de omul respectiv, dacă aţi investit mult în el, din punct de vedere pur psihologic este foarte greu ca în câteva săptămâni sau luni să elimini un strat enorm al vieţii tale. Ca după divorţ să ştergi dintr-o trăsătură de condei tot ce a fost bun trebuie să fii robot ori nu ştiu ce „supererou".

Lucrul acesta are loc de la sine, dar nu deodată. Cu cât omul trage mai rapid învăţăminte din cele întâmplate şi îşi stabileşte sarcinile pentru viitor, cu atât mai grabnic are loc şi această „reanimare". Între timp, trebuie să vă ocupaţi cu ceva util.

Apariţia unei noi relaţii după divorţ este adeseori împiedicată de neîncrederea în oameni care apare după ce ai fost trădat, de lipsa siguranţei de sine. Pe toate persoanele de sex opus se atârnă o etichetă: „Aşa şi pe dincolo". Bineînţeles, cu aceste frici trebuie să ne luptăm, să ne despărţim de ele. Dacă omul nu depăşeşte durerea despărţirii, dacă nu-i face faţă, dacă ţine ranchiună, cel mai degrabă va repeta greşelile dinainte şi va întâlni un om cu care totul se va repeta. De aceea, trebuie neapărat să scăpăm de acest „complex al victimei".

Împăcaţi-vă cu faptul că în viaţa voastră a apărut o perioadă nouă. Viaţa nouă este întotdeauna mai bună decât cea veche, fiindcă avem posibilitatea să ne despărţim de anumite momente negative, luând cu noi tot ce este mai bun, în mod analog cu tradiţia anumitor popoare de a arunca înainte de Crăciun lucrurile vechi. Şi noi putem arunca ceea ce a fost cauza suferinţelor noastre, suferinţe cu care ne-am obişnuit, şi putem merge înainte cu momentele pozitive, cu experiența pe care le-am dobândit în viața dinainte. Ca atunci când îți faci bagajul înainte de călătorie: ce e bun iei cu tine la drum, la ce e rău nu te mai întorci, și cu bagajul acesta mergi înainte. Cu zâmbetul pe buze.

În concluzie vreau să spun un singur lucru: bucurați-vă totdeauna! Orice ar fi, trebuie să mergem înainte întotdeauna, fără să ne temem de greutăți. Da, calea vieții este legată de purtarea crucii, și trebuie să ne amintim că Crucea este stindardul nostru de biruință. Așadar, cu acest stindard trebuie să mergem plini de îndrăzneală în continuare, înainte, fără să ne uităm în urmă...

# A te arunca în dragoste ca într-o vâltoare este un lucru care duce în mod logic la divorț

IRINA MOȘKOVA, PSIHOLOG

– *De regulă, în momentul divorțului partea părăsită își pune următoarele probleme: „De ce mi se întâmplă asta tocmai mie?", „Unde se uita Dumnezeu când s-a întâmplat asta?"*

– Bineînțeles, întotdeauna apare un sentiment de mare amărăciune atunci când necazul ni se întâmplă chiar nouă. Eu consider că destrămarea căsniciei este într-adevăr o mare nenorocire, cu toate că mulți contemporani ai noștri s-au obișnuit să privească lucrul acesta superficial. Unii chiar întrețin relații prietenești cu noua familie a fostei soții sau fostului soț, se cunosc bine cu amantul ei sau amanta lui, încep să se sune, să rezolve împreună anumite probleme materiale.

De fapt, mi se pare mie, dacă a existat iubire adevărată, iar după aceea relația s-a destrămat, va avea loc în mod inevitabil o zguduire puternică și serioasă, va apărea un sentiment de amărăciune, mai ales când omul căruia i s-a adus la cunoștință că va fi părăsit nu era absolut deloc pregătit pentru acest lucru. Dacă nu au existat în prealabil conflicte, certuri, diferende exprimate în mod pregnant, aluzii la faptul că relația conjugală se alterează, apar în mod inevitabil trăiri sufletești apăsătoare atât la bărbați, cât și la femei. Acum sunt foarte multe cazuri în care divorțul ia omul pe neașteptate. El nu se simte vinovat cu nimic, nu consideră că și-a nedreptățit cu ceva jumătatea, și uite că i se aduce la cunoștință: „Divorțez de tine." Bineînțeles, în aceste condiții senzația de nenorocire se ridică la puterea „n": divorțul neașteptat este ca o lovitură în moalele capului. Această senzație te rănește până în adâncul sufletului, și încep trăirile apăsătoare și întrebările de genul: „De ce mi se întâmplă asta tocmai mie?", „Unde se uita Dumnezeu când s-a întâmplat asta?", „De ce Dumnezeu nu m-a apărat și nu mi-a dat de veste că mă așteaptă o nenorocire?" Dacă sunt și copii la mijloc, dimensiunile tragediei familiale pot fi foarte mari.

Și aici trebuie înțeles că atunci când omul trece printr-o durere sufletească intensă, printr-o criză sufletească, fără să înțeleagă situația, cu tulburare, nu va găsi imediat răspunsuri. Este nevoie de timp pentru ca el să-și pună ordine în sentimente, în emoții, să se liniștească întrucâtva. Trebuie să aștepte până când va fi în stare să pună problema duhovnicește, să stea de vorbă cu Dumnezeu pentru a-și explica sensul evenimentelor petrecute, pentru a înțelege de ce Domnul a îngăduit ca relația ce exista să se rupă atât de brusc și de dureros.

Pentru a înțelege cauzele de profunzime care au putut duce la un deznodământ atât de neașteptat, cu omul trebuie discutat mult, ca el să înceapă să-și amintească întreaga viață, să își dea seama cum a început relația care s-a destrămat, cum s-a dezvoltat, pe ce s-a întemeiat căsnicia. Foarte probabil că viața de familie a fost însoțită de un anumit sentiment de insatisfacție, au existat indicii că a fost o căsătorie pripită, că cei doi se cunosc prea puțin unul pe celălalt, sau legătura apărută între soți se bazează în principal pe o anumită obișnuință, nu pe sentimente serioase, profunde. Căci adeseori oamenii se căsătoresc din calcul, din considerente strict raționale. Se întâmplă ca fata să se mărite doar ca să nu rămână singură. Iubitul a părăsit-o, și ea tinde să se mărite cu orice preț ca să capete satisfacție și să-i dovedească celui ce a rănit-o că nu a rămas singură, că cineva are nevoie de ea. De regulă, această căsătorie este foarte pripită și nu lipsită de trăinicie, căci dacă inima fetei nu iubea, ci ea s-a măritat cu omul respectiv din anumite considerente strict raționale sau din orgoliu, înseamnă că va veni negreșit momentul când ea se va îndrăgosti de altcineva; se va face sminteală, și răspunzătoare va fi ea.

La fel și cu bărbatul: dacă s-a căsătorit fără să iubească, în ideea că părinții ei sunt bogați, că poate face carieră în contul căsătoriei avantajoase, de regulă apar după aceea amante. Un asemenea tânăr începe să meargă la tot felul de petreceri unde poate să se distreze, să bea, să converseze etc., tocmai fiindcă inima lui e goală, nefiind dată nimănui, fiindcă ea nu slujește, nu trăiește și nu respiră dragostea și devotamentul față de soția sa. Și în acel moment omul se comportă ca și cum nu este dator nimănui cu nimic, pierde simțul răspunderii și rupe foarte senin relația conjugală. El divorțează pur și simplu pentru că găsește un om mai comod și mai simpatic: o fată mai tânără, picioare mai frumoase, capital mai solid, de care are „mare nevoie" ș.a.m.d. Problema se rezolvă în doi timpi și trei mișcări: dacă omul nu pune nici un preț pe relația sa conjugală, o curmă liniștit și declară că divorțează, în timp ce pe celălalt, care îl iubește și depinde de el, însuși gândul că trebuie să se despartă îl traumatizează profund. Acesta este întotdeauna un șoc lăuntric.

În timpul consultațiilor psihologice pe care le acordăm ne ciocnim cel mai des de situații familiale în care „unul iubește, iar celălalt îngăduie să fie iubit". Ca specialiști, înțelegem bine că în situațiile dificile este important ca alături de omul care a fost pus în fața divorțului să se găsească cineva foarte apropiat, cineva în care să poată avea încredere, cu care să poată sta de vorbă. Cu omul cu care s-a întâmplat nenorocirea trebuie să se discute multe, pentru ca emoțiile, nemulțumirile, ofensele să se stingă treptat. Când emoțiile se potolesc și spațiul sufletesc se degajă se face loc și pentru reflecția duhovnicească. Atunci se trezește ideea și posibilitatea de a asculta glasul ascuns al lui Dumnezeu, care răsună înăuntrul inimii omenești și dă răspunsul la întrebarea: „Cum a fost posibil lucrul acesta?"

*– Iată câteva întrebări ale unui tânăr pe care soția l-a înșelat: „Cum să depășesc momentul acesta?", „Ce să fac cu demnitatea mea de bărbat, care a fost călcată în picioare?", „Nu cumva toate femeile sunt așa?"*

– Un asemenea mod de a gândi este destul de stereotip. Cel mai des ne vine în cap gândul că vinovat e altcineva – cel care m-a rănit. Și totuși, cu câtă înțelepciune lucrează Domnul! Trebuie neapărat să ne amintim că voia lui Dumnezeu este bună întotdeauna. Domnul nu caută posibilități de a ne cauza nouă suferințe zadarnice. El urmărește întotdeauna scopul de a-l învăța pe om, de a-l lumina, de a-i da posibilitatea înțelegerii duhovnicești a menirii, a căii sale și a sensului adevăratei căsătorii.

Să nu ne ascundem după deget: uneori omul se căsătorește fără să chibzuiască, se îndrăgostește, e vrăjit total, se aruncă în relații intime ca într-un vârtej. Din punctul meu de vedere, aceasta este o manifestare de boală duhovnicească. Chiar dacă aceste legături ar continua vreme de câțiva ani, omul ar trăi și în continuare cu senzația că a făcut totul bine și corect, că tocmai aceasta este iubirea adevărată: „aruncarea în vârtej" fără să chibzuiești cu cine ți-ai legat viața.

Dumnezeu nu dorește pentru noi așa ceva. Domnul știe că inima omenească poate fi devotată, poate fi profund iubitoare, dar că în momentul respectiv rațiunea omului cu pricina e încă prea naivă, prea nepricepută, și Dumnezeu Însuși îngăduie ca asemenea legături să se rupă, îngăduie ca omul să treacă prin mari suferințe. Și tocmai în momentele când el suferă și se străduie să găsească răspunsuri la problemele care apar crește duhovnicește și devine cu adevărat altul.

Atunci când spunem despre celălalt: „Ce așa și pe dincolo e!", asta este numai prima etapă. În continuare, începem să vedem nu numai greșelile și trăsăturile lui negative, ci și propriile noastre neajunsuri și neputințe: toată lipsa noastră de dezvoltare duhovnicească, mărginirea, naivitatea, neajutorarea noastră, obișnuința de a ne amăgi și dezamăgi. Acestea sunt manifestări ale slăbiciunii sufletului nostru omenesc. Insuficientă duhovnicie, dar prisos de element sufletesc sau de senzualitate trupească.

În Sfânta Scriptură se spune că omului îi este bine numai atunci când duhul lui călăuzește viața sufletului, iar sufletul împărățește asupra vieții trupului. Relația duh-suflet-trup este una de strictă subordonare, ierarhie a structurii lăuntrice a omului, atunci când duhovnicescul se află la temelia vieții lui. Viața duhului omenesc trebuie să determine cursul evenimentelor, deciziile luate. Nouă ne este însă foarte greu să ajungem la nivelul acesta duhovnicesc; de regulă, nu gândim și nu simțim lucrurile la care ne cheamă Dumnezeu, ci încercăm să ne rezolvăm toate problemele din viața personală la nivelul sufletescului sau al patimii trupești.

Și uite că trăirea unei asemenea tragedii îi explică omului: ești născut pe acest pământ nu ca să te amăgești și să alergi după femei (bărbați), simțindu-ți slăbiciunea și neajutorarea. Senzația: „Fără femeia asta nu sunt nimic, sunt zdrobit, slab și nimeni nu are nevoie de mine" nu poate fi sentimentul normal al unui bărbat. Gândește-te: ai altă chemare, mai înaltă, până la nivelul căreia trebuie să crești, să ajungi, pe care trebuie să ți-l însușești și să-l înfăptuiești.

Acel ideal fantomatic al dragostei pe care tu ți l-ai urzit din patimile tale nu are nimic comun cu acea înțelegere a Dragostei lui Hristos despre care se vorbește atât în textul Evangheliei. De ce ni s-au lăsat aceste texte? Ca să-l trezească duhovnicește pe om, ca el să cadă pe gânduri cu privire la sensul vieții sale. Există o înălțime și frumusețe în relațiile dintre oameni la care nu ajungem din prima încercare. Trebuie depus un efort serios pentru a crește duhovnicește. Trebuie să-ți transformi toată viața în nevoință. Trebuie să te înveți să deosebești binele de rău. Omul trebuie să se învețe să nu se irosească pe detalii mărunte, de mâna a doua, să distingă în viața sa surogatele de relații.

De pildă, atunci când înainte de Crăciun împodobeam bradul, mi-a venit gândul că sclipirea beculețelor de pe brad aduce în suflet un sentiment de bucurie luminoasă – și dacă te gândești, sunt doar niște sticluțe colorate, înăuntrul cărora se află un filament incandescent... Însă această strălucire și sclipire a luminițelor ne stârnește, se răsfrânge în sufletul tău prin sentimentul sărbătoresc. De fapt, cu toții suntem foarte ahtiați după tot ce e exterior, superficial, suntem foarte ușor de înșelat, de momit într-o parte sau în alta. Cu toate că există proverbul: „Nu tot ce strălucește este aur", totuși ne amăgim deseori. La fel se întâmplă și în relațiile dintre oameni.

Bărbatul care suferă intens în urma tragediei pierderii femeii iubite trebuie să-și dea seama ce fel de femeie caută de fapt. Când punem această întrebare la consultație, deseori auzim un răspuns care arată că până acum bărbatul vedea în femeie doar faptul că este „frumoasă și are picioare lungi". Devine evident că el căuta doar frumusețea exterioară, și când a găsit-o a fost literalmente vrăjit de ea, a căzut în robia propriilor iluzii, deoarece încercarea de a întemeia o căsnicie fericită pe atracția exterioară, care ignoră înțelegerea calităților lăuntrice ale omului, este în mod evident sortită eșecului.

Dacă scăpăm din vedere adevărata esență și sensul vieții omenești, sensul căsătoriei, sinceritatea autentică a relațiilor dintre oameni, firește că vom fi dependenți de aceste impresii exterioare. Dimpotrivă, dacă ne gândim la esența, la profunzimea, la însemnătatea lucrurilor autentice, vom înțelege că ne trebuie un om de alt tip. Așa se întâmplă cu oamenii care, trecând prin divorț, încep să meargă la biserică, să asculte predici, să citească literatură duhovnicească, să se gândească la seriozitatea relațiilor omenești din căsătorie. Femeile credincioase înțeleg brusc că pentru căsătorie este nevoie de un bărbat care să nu fie doar puternic și frumos din punct de vedere fizic, nu doar bogat, cu mașină și cu un loc de muncă prestigios, ci om bun, nobil, fidel, capabil să fie soț și părinte. Fericirea familială nu constă în îndestulare materială sau în a fi o „pereche frumoasă", pe care ceilalți o invidiază. Fericirea vine în casă atunci când bărbatul și femeia pot avea deplină încredere unul în celălalt că nu se vor părăsi niciodată în caz de boală sau altă nenorocire, când sunt gata să crească și să educe împreună copii și să aibă grijă în mod activ unul de celălalt la bătrânețe. Trebuie să fie găsită o temelie foarte profundă și trainică pentru căsnicie.

Atunci când oamenii devin credincioși în mod conștient, ei înțeleg că oricine vrea o viață de familie fericită, dar că omul poate cunoaște fericirea numai în Dumnezeu. Omul credincios se roagă ca Domnul Însuși să-i trimită ca tovarăș de viață un om care să-l ajute să-și mântuiască sufletul. Acesta poate să nu fie deloc frumos, să nu aibă funcții înalte, să nu aibă, poate, nici mașină. Pentru că Domnul poate să ne trimită spre mântuirea sufletului nostru un om cum nici nu ne-am fi imaginat. Da, se poate întâmpla și așa ceva. Uneori, preotul le face cunoștință în biserică oamenilor, știindu-i de la spovedanie. Aceștia nici nu s-au uitat unul la celălalt, nu își știu unul celuilalt numele, însă preotul i-a simțit duhovnicește ca pe o potențială pereche conjugală. El poate spune: „Știi, o să-ți arăt o fată, fă cunoștință cu ea, cred că o să-ți fie o soție bună."

Există cazuri când omul nu căuta deloc să se căsătorească ori avea în vedere pe altcineva, însă preotul, prin care lucrează voia lui Dumnezeu, i-a făcut cunoștință cu cineva, dându-le celor doi posibilitatea de a se examina unul pe celălalt, de a se înțelege unul pe celălalt. După o vreme, aceștia își dădeau seama că sunt, într-adevăr, suflete înrudite, cu toate că inițial aveau cu totul altă idee despre femeia ideală sau bărbatul ideal.

Când credința omului începe să se întărească, încep să i se schimbe criteriile de alegere a tovarășului de viață – și iată că tocmai această bunătate, profunzime, onestitate, sinceritate, dispoziție de a ajuta și de a nu-i întoarce spatele celuilalt în clipa cea grea, aceste calități devin temelie a vieții conjugale creștine. Ele se formează în dependență directă de profunzimea credinței în Hristos. Ca rezultat al orientării spre normele și valorile creștine, omul începe să dea atenție nu aspectului exterior, ci conținutului interior al vieții omenești, căci se întâmplă să iubești pe cineva mult mai în vârstă sau mult mai tânăr decât tine; oamenii se îndrăgostesc chiar și de invalizi, se întâmplă și așa ceva. De exemplu, o fată a suferit o traumă la coloana vertebrală într-un accident de mașină și se gândea că prietenul ei o s-o lase sigur, însă acesta a început s-o iubească și mai mult, a îngrijit-o, și în cele din urmă s-au căsătorit și s-au cununat. El a făcut acest pas în mod conștient, înțelegând că ea poate rămâne paralizată pe toată viața, iar el va trebui s-o plimbe în căruciorul de invalid. Știu o pereche în care soțul și-a pierdut total vederea după o operație nereușită. O fată absolut normală, plăcută, a ales să trăiască alături de un om cu desăvârșire orb. Preotul i-a dat binecuvântare să se căsătorească.

De ce? Pentru că ea a fost capabilă să-l iubească. Ea și-a privit alesul cu ochi duhovnicești, i-a prețuit frumusețea sufletească și a înțeles cât de multă nevoie are el de ea și ea de el. Și uite că, ajutându-și soțul, dându-i posibilitatea de a găsi în ea un sprijin, primește, la rândul său, foarte mult de la el: și omenie, și tandrețe, și grijă. Acum au un fiu minunat.

Foarte multe sunt căsătoriile care în nici un caz nu pot fi numite căsătorii din calcul. Bărbatul și femeia își pot clădi căsnicia nu în puterea vârstei și în deplinătatea forțelor, ci în a doua jumătate a vieții, când deja încep problemele de sănătate. Există cazuri când femeia se mărită cu un deținut, cu o persoană cu cazier, și prin dragostea sa îl ajută să se îndrepte. La început corespondează mult timp, după aceea încep să simtă că sunt suflete pereche. Se formează între ei o relație care îi ridică pe amândoi, îi duce la un cu totul alt mod de viață. În parohia noastră se oferă asistență deținuților, pe această filieră vin foarte multe scrisori. Aflăm o mulțime de destine omenești, de istorii de viață, care arată că un deținut, crezând, poate să-și recapete vederea duhovnicească și să-și schimbe viața.

Uneori, Domnul îngăduie să se întâmple ceva ieșit din comun: are loc o catastrofă sau un accident, omul intră la închisoare ori trece printr-un divorț, printr-un șoc sau o boală, și lucrul acesta îi deschide omului ochii duhovnicești. Un astfel de eveniment reprezintă un puternic impuls spre creșterea duhovnicească. Din experiența propriei vieți vreau să spun că dacă începi să crești duhovnicește depășești și boala, și condamnarea, și cheltuielile materiale: depășești totul, dar numai dacă vei fi împreună cu Dumnezeu. În orice situație grea de viață, Domnul îi dă omului şansa să se mântuiască, El îi întinde mână de ajutor şi aşteaptă reacţia lui.

Tocmai în aceasta constă incomparabila înţelepciune a Proniei Dumnezeieşti. După cum se spune în Evanghelie, *jugul Meu este bun şi sarcina Mea este uşoară* (Mt. 11, 30). Se dovedeşte că jugul cu care ne ciocnim în viaţă poate deveni pentru noi un bine, un câştig! După aceea, privind în urmă, trebuie să găsim puteri pentru a-I mulţumi lui Dumnezeu cu sinceritate pentru ceea ce am trăit. Dacă nu s-ar fi întâmplat nenorocirea aceea şi nu s-ar fi rupt legătura dinainte ori nu ne-ar fi lovit respectiva boală sau catastrofă am fi rămas „oameni-semifabricate", trăind în virtutea inerţiei. Ne-am fi uitat la televizor, ne-am fi dus la muncă, am fi mâncat, am fi dormit, am fi trăit obtuz, monoton – pe când viaţa omului credincios este necontenită creştere, constantă dezvoltare duhovnicească, ce nu depinde nici de vârstă, nici de împrejurări. Omul poate să crească şi în cele mai sărăcăcioase şi mărginite condiţii. Chiar există o asemenea observaţie a Sfinţilor Părinţi ai Bisericii: cu cât sunt mai multe necazurile, cu atât mai puternic creşte omul. Cu cât este mai sătul, cu cât are mai multe plăceri şi belşug, cu atât se degradează mai mult.

*– Este minunat când omul are deja credinţă, însă deseori lucrurile nu stau aşa şi credinţa nu a fost dobândită încă. De aceea, apar totuşi următoarele întrebări: „Cum să trăiesc mai departe?", „În faţa cui să îmi deschid sufletul?", „Cine mă va ajuta să trăiesc după ceea ce s-a întâmplat?"*

– Când se întâmplă asemenea lucruri, care întorc pe dos viaţa omului, este deosebit de important cu ce intră el în această etapă, cu ce bagaj al experienţei de viaţă, cu ce cunoștințe și cine va fi alături de el. Îmi aduc aminte de o perioadă când în viața mea personală începuseră probleme familiale serioase. Mi-am simțit atunci foarte acut neajutorarea: profesia mea ar fi trebuit să mă ajute să fac față situației, în universitate avusesem numai note maxime, dar în acel moment simțeam că n-am destule cunoștințe. Am înțeles atunci din proprie experiență că inteligența și studiile nu sunt totuna cu înțelepciunea de viață. Una sunt studiile și alta este cunoașterea cu adevărat profundă a vieții, care este dată prin mila lui Dumnezeu. Capacitatea de a vedea în profunzime situația și de a face alegerea corectă este rezultatul acumulării experienței duhovnicești, al efortului de a te schimba care trebuie să aibă loc în lumea ta interioară.

De aici aș vrea să trag concluzia că nu orice conlocutor este potrivit pentru a-l ajuta pe om în situația de divorț. Uneori, rudele, prietenii, prietenele spun: „Da' uită-l (uit-o), e așa și pe dincolo", sau: „Nu te mai gândi la el (ea)", sau: „Am știut dintotdeauna că e un prost și un aventurier", sau: „Tu răzbună-te, înșală-l: așa o să-i arăți tu și o să te invidieze". Ce plăcere pare la prima vedere să arunci mănușa ca răspuns la propunerea de a divorța... Dacă în jurul celui ce suferă se găsesc asemenea prieteni, prietene, rude, care seamănă în suflet gândul la răzbunare, dorința de a obține satisfacție cu orice preț pentru a potoli orgoliul rănit al victimei – aceștia sunt niște conlocutori de proastă calitate.

De fapt, dacă pui în aplicare sfaturile acestea, sentimentul de suferință (iar eu consider că este un sentiment înalt și sfânt atunci când omul suferă cu adevărat pentru dragostea pierdută, pentru relația de mai înainte, care avea pentru el însemnătate) se vulgarizează prin bârfe. Când începi să expui înaintea străinilor toate dedesubturile vieții de familie (cum trăiați, cum comunicați, relațiile intime), se strânge toată mizeria. Ca rezultat, omul începe să gândească murdar despre cel pe care cândva l-a iubit, îi vulgarizează și-i profanează memoria. Se șterg amintirile calde, bune, dragi inimii; ele poate că stârnesc lacrimi de înduioșare sau durere în inimă, însă aceste lucruri curate și scumpe sunt totuși o comoară pentru sufletul omului. Or, prin aceste bârfe din partea celor din jur, care nu înțeleg și nu vor înțelege pe ce se ținea căsnicia aceasta, se șterge tot ce a fost. Astfel, imaginea omului se schimbă, în locul iubirii apare ura. Există următoarea maximă: „De la dragoste la ură nu e decât un pas." Este de ajuns să te „comuți", cu ajutorul „oamenilor de bine", pe regimul acumulării ranchiunii, setei de răzbunare, ațâțării artificiale a trufiei și orgoliului propriu, imaginea omului apropiat se schimbă: prietenul se transformă în dușman, și vrăjmășia care apare între foștii îndrăgostiți este semnul că izbucnește un război foarte serios. Războiul între soții ce divorțează este adeseori foarte crud, neîmpăcat, perfid. El poate duce la crime îngrozitoare, chiar la omoruri și sinucideri. E un război cumplit, în care nu este și nu poate fi învingător. Învingătorul devine imediat învins, fiindcă omoară în sine însuși lucrul cel mai scump și mai sfânt: dragostea față de celălalt.

Atâta timp însă cât în om trăiește ceva cald, curat, sincer, atâta timp cât se va abține de la dorința de răzbunare, rămâne nădejdea că depășind această suferință el se va eleva și va crește duhovnicește.

Este nevoie de un conlocutor care să nu denigreze memoria trecutului. Este nevoie de un conlocutor care să asculte cu răbdare, să consoleze și să-l facă pe om să reflecteze la viața sa. Este nevoie de un conlocutor care să aplice în analiza vieții celor doi soți criterii duhovnicești, care să nu contravină duhului dragostei. Duhul evanghelic al dragostei este lucrul cel mai prețios și mai sfânt pe care îl pot avea oamenii. Este nevoie de un conlocutor care să devină pentru om un prieten plin de compasiune, care să nu-l forțeze în nici o privință, ci să-l ajute să gândească, să-și amintească și să analizeze fără să arunce cu noroi în imaginea soțului care a plecat. Dialogul cu un asemenea conlocutor trebuie să-i ajute celui aflat în suferință să înțeleagă gestul fostului soț, iar a înțelege înseamnă a te elibera de condamnarea lui, de setea de răzbunare, înseamnă a-l ierta.

În Evanghelie se spune: *a Mea este răzbunarea, Eu voi răsplăti* (Rom. 12, 19). Domnul le interzice oamenilor să se răzbune pentru ofense, oricât de cumplite ni s-ar părea nouă acestea. Nu este treaba noastră să ne gândim cum să-l pedepsim pe om pentru păcatul săvârșit, pentru greșeală, pentru trădare. Aceasta este treaba lui Dumnezeu. Domnul a îngăduit să se întâmple lucrul acesta, înseamnă că pe omul cu pricina îl va trage la socoteală El Însuși. Va veni ziua și ceasul când acela va înțelege foarte bine pentru ce este pedepsit. Se întâmplă ca omul să înțeleagă bine pentru ce și de ce a fost pedepsit numai când ajunge în închisoare...

Sarcina noastră este de a nu ne pierde simțul răspunderii, de a nu ne agita și de a nu cădea în panică. Din evenimentele dramatice pe care le-am trăit trebuie să tragem învățăminte, așa încât viața noastră să nu mai fie în continuare atât de tragică. Răspundem înaintea lui Dumnezeu pentru sufletul nostru, pentru viața noastră, răspundem pentru faptele noastre, pentru familia noastră, pentru copiii noștri. Dacă am suferit o dată și Domnul ne trimite o a doua șansă de a ne întemeia o familie, trebuie să abordăm această șansă cu mai multă chibzuință, cu mai multă responsabilitate și profunzime. Lecția pe care ne-am însușit-o ne va permite să facem anumite corecturi atât în propriul caracter, cât și în propriile așteptări cu privire la comportamentul celuilalt, pentru că mulți își mutilează singuri viața prin orientarea greșită pe care o au: de exemplu, numeroși bărbați au prejudecata că trebuie să ții femeia într-o stare de frică animalică, trebuie să bați cât mai des cu pumnul în masă, să spui fel și fel de grosolănii, toate acestea fiind, chipurile, manifestări ale forței și bărbăției. Un asemenea bărbat crede că femeia trebuie speriată, că va fi toată viața legată de el, că-i va ști de frică și nu-l va părăsi niciodată. Țin să subliniez că multe familii s-au destrămat tocmai din cauză că bărbatul abordează viața în acest mod! Într-adevăr, există un anumit tip de femeie care se transformă de bunăvoie într-o ființă total depersonalizată, într-o roabă mută, a cărei personalitate își pierde toate capacitățile și înzestrările.

Dacă alături de un asemenea bărbat se găsește însă o femeie inteligentă, fiecare răcnet, fiecare lovitură cu pumnul în masă va fi receptată ca o lovitură în suflet; ea va suferi din această cauză și, în mod corespunzător, încercând să se apere, va reacționa la fel de dur. Ea poate să ia măsuri pentru a se proteja de asemenea acțiuni agresive, pentru a se întâlni mai rar, a se intersecta mai rar, a avea mai puțin de-a face cu soțul său. Fapt este însă că asta nu-i va face mai fericiți. Da, ea se apără în felul său, dar o viață de familie normală, deplină, nu se poate desfășura în asem condiţii, şi concepţia greşită că poţi întemeia căsnicia pe frică şi forţă fizică brută va fi destrămată de cruda realitate. Bărbatul însuşi nu se dezvoltă, iar pe soţia sa o înjoseşte şi îi înăbuşă personalitatea.

Agresiunea conjugală este o temă foarte serioasă. Agresiunea poate fi fizică, atunci când bărbatul ridică mâna asupra femeii, o bate, pune mâna pe cuţit. Ea poate fi şi verbală: înjurături, şicane, manifestări de grosolănie, neîncredere şi năzuinţă de a controla acţiunile celuilalt. Aceasta se poate manifesta nu numai la bărbaţi, ci şi la femei. În asemenea condiţii oamenii nu înfloresc, iar viaţa lor conjugală devine apăsătoare şi chinuitoare. O asemenea căsătorie este o totală absurditate, dar uite că avem de-a face cu următorul paradox: cel care îşi permite să se poarte în acest mod e deseori convins că face asta „din mare dragoste" faţă de celălalt şi din dorinţa de „a-i corecta viciile".

Şi femeia poate suferi de concepţii greşite, cum că bărbatul adevărat este cel care câştigă mult, care se învârte în jurul ei ca în jurul soarelui. Ea poate da dovadă de capricii copilăreşti: „Cumpără-mi asta, cumpără-mi cealaltă..." Încercarea de a-l transforma pe bărbat într-un servitor care se învârte în jurul ei şi îi satisface toate poftele şi capriciile se încheie printr-o tragedie. Mai devreme sau mai târziu, bărbatul se va sătura. El poate să se apuce de băutură ori să găsească altă femeie, care-l va aprecia ca persoană, cu care va putea sta de vorbă, face schimb de idei. Dacă va simţi la ea o inimă deschisă, respect şi grijă faţă de el, cel mai degrabă va pleca din familie. Câte căsnicii nu s-au sfărâmat de aceste concepţii greşite!

De fapt, suntem foarte prost pregătiţi pentru a întemeia o familie, cunoaştem atât de puţin învăţătura Bisericii

Ortodoxe despre căsnicie, familie, nașterea și educarea copiilor, înțelegem atât de puțin esența relațiilor dintre soți atunci când ne căsătorim, încât după aceea suntem nevoiți să ne croim drum până la ea cu prețul unor suferințe sufletești, cu prețul unor greșeli groaznice... Necredința și ignoranța noastră duhovnicească duc la faptul că Domnului nu Îi mai rămâne nici o ieșire decât să îngăduie să se abată asupra noastră un cataclism, o nenorocire. Numai atunci când totul se destramă și se prăbușește într-o clipă înțelegem că am clădit până atunci „pe nisip", când ar fi trebuit să clădim pe piatra numită Hristos! După această cădere trebuie să ne aranjăm iarăși cumva viața, să punem cap la cap valorile și concepțiile care ne-au rămas. Trebuie să ne revizuim toate vederile, toate cuvintele și faptele... Numai atunci începem, în sfârșit, să creștem și să ne dezvoltăm duhovnicește. Înțelegeți? Iată în ce constă tragedia.

Reiese că în prima etapă a vieții trăim obtuz, razna, uneori facem ce vrem, uneori repetând în mod inconștient orientările greșite și stereotipurile comportamentale ale părinților, și numai după ce ne-am ciocnit de încercări serioase în viață începem să gândim de sine stătător, să analizăm, să-L căutăm pe Dumnezeu și să înțelegem adevărurile duhovnicești.

– *Am ajuns într-un moment de tranziție: o relație s-a încheiat și nu știm ce să facem, să începem alta ori să așteptăm? Se ridică problemele: „Poate că totul se va schimba și vom fi din nou împreună?", „Merită să mă grăbesc să umplu locul pustiu din inimă?", „Să mă las dus(ă) de valul vieții, să nu încerc să schimb nimic – o fi bine sau nu?"*

– Lucrurile despre care vorbiți sunt foarte tainice... Uneori se întâmplă ca oamenii să ajungă într-o situație complicată, când căsnicia dinainte nu s-a destrămat de fapt până la capăt, dar există faptul înstrăinării, infidelității conjugale, unei anumite vieți paralele a soțului sau soției. Și vine o perioadă dificilă de depășire a acestei situații, în care sunt implicați de fapt ambii soți. Aici, comportamentul unuia se reflectă asupra comportamentului celuilalt, pentru că soțul și soția sunt un singur trup și un singur duh. Gesturile bune și corecte îl pot opri pe celălalt la marginea prăpastiei, pot trezi bunul simț din el, pe când acțiunile incorecte, grosolane, agresive pot provoca ruptura totală în relațiile unor oameni care de fapt nu au încetat încă să se iubească, ci pur și simplu au greșit, s-au poticnit.

Ca atare, aici este nevoie de sfat duhovnicesc, de ajutorul unui preot sau psiholog ortodox, care poate analiza situația din toate punctele de vedere împreună cu cel ce năzuiește să salveze familia. Tocmai aici este necesar un conlocutor inteligent, plin de compasiune și orientat duhovnicește, care să-l poată ajuta în elaborarea celei mai corecte variante de comportament, care nu va duce la acutizarea conflictului, pentru că atunci când există conflict în familie, atâta timp cât nu este totul limpede trebuie să ai grijă pentru a nu înrăutăți situația. Dacă aceasta e în suspensie, a devenit încordată, este important să nu facem nici cea mai mică mișcare imprudentă care poate stârni „avalanșa" agresiunii conjugale. Bineînțeles, aici trebuie să chibzuim foarte bine fiecare cuvânt, fiecare gest.

Din păcate, rareori abordăm viața cu atâta simț al răspunderii. Dorința de răzbunare, ranchiuna ascunsă ne dictează scenariul lor – și de aceea, dacă soția știe că soțul are o amantă, îndată ce acesta deschide ușa și intră în apartament, ea poate începe imediat să-i toarne o mulţime de cuvinte mânioase şi jignitoare: „Eşti un nemernic, un măgar, un aşa şi pe dincolo, am ştiut asta întotdeauna! Bine îmi spunea mama să n-am încredere în tine, că nici să mă întreţii ca lumea nu eşti în stare!" La supărare, soţia poate spune lucruri atât de grave, încât el să nu fie în stare după aceea s-o ierte vreodată.

Este nevoie de o mare doză de bun simţ şi de calm pentru a „alege grâul de neghină". Merită să vorbim într-o asemenea situaţie despre părinţi, să ridicăm pretenţii cu privire la locul de muncă sau la salariu, când de fapt pleacă de la noi dragostea? Fiindcă aceasta e catastrofa principală! Atât de des nu ne înţelegem unul pe celălalt, nu ne ascultăm, şi de aceea nici nu ne auzim...

Unele femei pur şi simplu pun mâna pe făcăleţ, încercând să-şi pedepsească fizic bărbatul sau măcar să-l sperie. Altele încep să ameninţe că-i vor găsi amanta şi o vor stropi cu acid sulfuric. De regulă, efectul unor asemenea lucruri este de scurtă durată, iar deznodământul este ruperea relaţiei, fiindcă ameninţarea este întotdeauna percepută ca o jignire sau agresiune. Nu prea văd cum poate fi păstrat aici sentimentul dragostei.

Pentru a păstra relaţia conjugală în care există o fisură, pentru ca ea să nu se destrame complet, este nevoie de înţelepciune, de chibzuinţă, de sprijin duhovnicesc, care se exprimă prin rugăciunea pentru „cei ce ne urăsc şi ne prigonesc".

Iată unde este cuprinsă înţelepciunea! Te-a amărât şi te-a jignit? Tu iartă-l şi roagă-te pentru el ca pentru un suflet ce suferă. Pare paradoxal: soţul a înşelat, iar soţia trebuie să se roage pentru el. Tradiţia creştină e de aşa natură, că ea îl cheamă pe om la chibzuință, la mărinimie și la iertare. Trebuie să ne rugăm pentru ca Domnul să ne dea putere să luăm singura hotărâre corectă: în nici un caz să nu osândim, să nu „punem cruce" pe omul care ne-a rănit. Trebuie neapărat să iertăm, altfel nici Domnul nu ne va ierta păcatele noastre.

Să băgăm de seamă că potrivit tradiției creștine nu trebuie să-l ponegrim pe omul care a greșit, ci să cerem pentru el de la Dumnezeu ocrotire și ajutor. Soțul (soția) care a greșit are sufletul apăsat. Conștiința mustră pentru trădarea săvârșită, și omul nu-și găsește odihna nici ziua, nici noaptea. Trebuie să ne învățăm să ne gândim nu la noi înșine, ci să ne gândim cu milă la cel care nu se poate bucura de viață. Pentru o singură oaie pierdută, se spune în Evanghelie, Domnul lasă nouăzeci și nouă de drepți. El vine, caută, o găsește și o aduce pe umeri la turma sa. Lucrul acesta sună cel puțin ciudat, întrucât noi avem alte concepții: iubim atâta timp cât omul ne convine, atâta timp cât și el ne iubește. Logica noastră e următoarea: „Te-ai făcut rău, ai greșit, m-ai rănit, așadar trebuie să te pedepsesc, să te trag la răspundere pentru situația gravă ce s-a creat." Nu suntem deloc pregătiți să miluim, nu suntem pregătiți să nutrim compasiune față de „oaia rătăcită".

Dar uite că logica comportamentului creștinesc este cu totul alta. Față de cel care a greșit, care e păcătos, Domnul întinde îndoit dragostea, mila și grija Sa, fiindcă acesta se află în pragul pierzării.

Și soția, rugându-se pentru soț, care i-a pricinuit o asemenea traumă, trebuie să găsească puteri chiar și în clipa fatală a divorțului pentru a nu se împietri sufletește, pentru a nu-l lepăda din suflet, ci a se strădui să îl înțeleagă, să înţeleagă că el a slăbit duhovniceşte şi nu a rezistat în ispită. În această situaţie grea trebuie să cerem de la Dumnezeu ajutor pentru ca El să-l înţelepţească, să-l întărească, să-i dea puteri să se pocăiască pentru ceea ce a făcut. Eu cred că femeia creştină săvârşeşte o adevărată nevoinţă atunci când poate să se roage pentru fostul soţ cu compasiune: „Doamne, iartă-l, că nu ştie ce face!"

M-am întâlnit în viaţă cu situaţii când preotul, înţelegând că soţii sau certat sau că unul dintre ei l-a înşelat pe celălalt, s-a rugat fierbinte pentru ei o anumită perioadă de timp, ca situaţia să se rezolve cu bine. Dacă tensiunea nu se diminua, după o vreme spunea: „Rabdă până la Paşti sau până la sfârşitul anului... Dacă situaţia nu se schimbă, divorţează", înţelegând că puterile omului respectiv sunt deja pe sfârşite. Noi nu suntem sfinţi şi nu putem rămâne pentru mult timp într-o asemenea stare. De aceea, în situaţiile dificile trebuie să alegi uneori răul cel mai mic. Adeseori se întâmplă ca preotul duhovnic, dorind să-i sprijine pe soţii aflaţi în pragul divorţului, se roagă pentru ei în altar, scoţând părticele la Proscomidie, părticele care apoi sunt turnate în Potir pentru împărtăşanie, unde prin Sângele lui Hristos se spală păcatele oamenilor. Această Taină a Sfintei Euharistii îi ajută pe oameni să dezlege foarte multe „noduri" din relaţiile lor.

Adeseori, pe fondul unei asemenea rugăciuni situaţia se limpezeşte până într-atât, încât rămâne posibilă o singură hotărâre, problema alegerii – „cum ar fi mai bine să procedez?" – cade cu totul. De exemplu, dintr-o dată se dovedeşte că amanta va avea un copil, şi bărbatul, care până atunci nu se putea hotărî, ia decizia de a se căsători cu ea. În această situaţie îi şi aduce la cunoştinţă soţiei dorința sa de a divorța. Ce mai e de făcut atunci? Este un lucru incorect din punctul de vedere al Bisericii, dar este „răul cel mai mic". Mai bine să te împaci cu asta decât să trăiești într-o situație de duplicitate, care îi istovește și pe soț, și pe soție, și pe copii. Copiilor le este mai ușor să-și înțeleagă și să-și ierte tatăl dacă acesta pleacă în altă familie, dar continuă să-i viziteze și să-i iubească. Mult mai greu este să îl vadă tot timpul cu o față vinovată, îngrijorată, grăbindu-se iar nu se știe unde și întorcându-se nu se știe când...

Înțelegeți, într-un anumit sens limpezirea situației are un efect pozitiv asupra tuturor, ea ușurează depășirea momentului. Nimeni nu poate spune însă cât timp trebuie să treacă pentru a se face lumină. Este bine dacă într-o situație de acest gen omul va cere ajutor de la preot, dacă se va ruga lui Dumnezeu, dacă se va spovedi și împărtăși. Atunci, Domnul dă puterile de care este neapărată nevoie pentru rezolvarea crizei. De regulă, o asemenea rugăciune e ascultată. Se creează un asemenea complex de împrejurări, încât o anumită rezolvare se impune fără echivoc.

– *Ce să facem dacă tragedia s-a petrecut deja, ce să le spunem prietenilor, cum să le explicăm totul părinților, nefiind obișnuiți să comunicăm cu ceilalți în noile condiții?*

– Experiența arată că toți înțeleg repede esența evenimentelor dramatice petrecute. De regulă, nu este cazul să explici nimic, cu excepția cazurilor când oamenii dau dovadă pur și simplu de lipsă de tact și cruzime, când sunt biruiți de curiozitate și îi interesează amănuntele conflictului familial. Aici este important să înțelegem la timp de ce omul insistă cu întrebările. Dacă vedem că e curios, trebuie să ne oprim și să nu-i dăm nici un fel de amănunte, altfel o să-i oferim material pentru tot felul de bârfe. Putem constata pur și simplu faptul consumării divorțului și să spunem că în momentul respectiv nu suntem pregătiți să vorbim despre asta, deoarece ne e încă greu sufletește. Pentru o vreme, situația nu trebuie comentată.

Există o intrigă principală a conflictului: înainte oamenii au trăit împreună, acum trăiesc separat. Restul – unde și cum trăiesc, de ce s-au despărțit – nu trebuie detaliat. Se poate spune simplu: „Acum trăim separat, în rest – timpul o să arate", căci urmează să se mai desfășoare anumite evenimente, și nimeni nu știe dinainte dacă oamenii se vor împăca sau nu. Poate că la început ea se va întoarce la el, după care va pleca iarăși, iar după aceea va veni el la ea. Ca atare, eu cred că cel mai bine este să se tragă linia clar, odată pentru totdeauna: „Asta e treaba noastră. Am discutat această problemă și am hotărât că este mai bine pentru noi să trăim separat." Și gata, punct.

Pe cât se poate, rufele murdare trebuie spălate în casă, și lucrul acesta trebuie neapărat explicat tuturor, inclusiv părinților și bunicilor. Mai des apar situații când părinții iau necondiționat partea propriei odrasle: „Cum a putut, nesimțitul, să-i facă fetei noastre așa ceva?" Se poate întâmpla și ca cei doi să decidă continuarea vieții în comun chiar după ce unul dintre ei l-a înșelat pe celălalt, lucru care pentru părinți poate fi absolut de neînțeles. Oamenilor mai în vârstă, părinților, li se poate părea chiar profanator ca soția să-și ierte soțul după o trădare atât de serioasă.

*– Este oportun ca după divorț să căutăm propriile greșeli care au dus la acesta? Cum să ne schimbăm ca să nu pățim așa ceva iarăși?*

– Aceasta este o temă foarte cuprinzătoare. În virtutea faptului că oamenii se căsătoresc sau fac copii nefiind pregătiți pentru viața de familie, în practică observăm transmiterea din generație în generație a unor abordări greșite ale educației. Greșelile comise de părinți în educarea copilului se reflectă în sufletul acestuia sub forma „complexelor de inferioritate". Pe de o parte, în sufletul fiecărui om există un anumit „orgoliu rănit", iar pe de altă parte trufia ca mecanism interior de apărare împotriva defectelor sufletești ce ies la iveală. Ca atare, cu toții vrem să plăcem, cu toții ne mândrim și ne îngâmfăm. În spatele acestei măști de prosperitate, de respectabilitate, de siguranță de sine și bună dispoziție se ascund durerea, rana sufletească, tot felul de frici și de complexe. Aceste „bube" se face simțite cel mai puternic tocmai în relațiile de familie. O mișcare imprudentă, și înăuntrul tău începe să răsune coarda bolnavă...

Trăgând învățăminte din trecut, omul crește. Am vorbit deja despre necesitatea creșterii și dezvoltării duhovnicești. Creșterea duhovnicească este legată de depășirea traumelor și complexelor care se formează în sufletul omului din trecut. Exact în același mod, în funcție de felul cum trecem prin divorț fie extragem din evenimentele petrecute cu noi o experiență prețioasă și indispensabilă, fie rămânem la nivelul de mai înainte. Prin divorț putem trece și în așa fel, încât la „bubele" preexistente să mai adăugăm și alte boli sufletești... De aceea, cu toții trebuie să năzuim spre însănătoșirea duhovnicească.

Când omul acționează și își rezolvă problemele de viață cu ajutorul lui Dumnezeu, el își formează deprinderea de a examina situațiile foarte grele fără deprimare, fără suferință sufletească. Cu cât vom avea în suflet mai puține „bube" de acest fel, cu atât le va fi mai ușor celorlalți să trăiască cu noi. Cu cât ne învingem mai mult propriile defecte, cu atât le putem fi de mai mare ajutor.

În virtutea vătămării noastre de către păcat, a trufiei noastre, suntem cu toții foarte bine „înarmați". Ne străduim să-l influențăm pe celălalt, să-l speriem sau să-l dominăm, ne străduim să ne autoafirmăm pe socoteala lui, ascunzându-ne defectele interioare. Rezultatul este că acumulăm conflicte. Cu mare greutate ajungem să înțelegem următorul lucru: cu cât sunt mai deschise, mai oneste, mai sincere relațiile noastre cu oamenii, cu atât ne este mai ușor să interacționăm.

Pozitiv este faptul că pe fondul divorțului iese la iveală tot ce era rău nu doar în celălalt, ci și în noi înșine. Adeseori, trecând printr-un divorț, omul începe să se vadă pentru prima dată din exterior, fiindcă emoțiile sunt foarte puternice și imperioase, și avem reacții la care nici noi nu ne așteptam, acționăm impulsiv și arătăm cine suntem de fapt. Cu cât avem mai mult zbucium sufletesc, cu atât facem mai multe istericale, cu atât avem mai multă dorință de răzbunare, cu atât suntem mai ipocriți sau mai mercantili când este vorba de partajul averii.

Din starea aceasta trebuie să ieșim. Cu ajutorul lui Dumnezeu, omul capătă putere, se privește pe sine însuși din exterior, își vede neajunsurile, și le mărturisește și se ridică cu o treaptă mai sus. El spune: „Doamne, sunt atât de defect, atât de păcătos! Ajută-mă să-mi birui neajunsurile" – și începe să facă eforturi concentrate pentru a se îndrepta.

*– Pentru final, ce vorbă bună le puteți spune oamenilor care trec prin divorț?*

– Principalul este să nu deznădăjduiești niciodată. Înțelegerea duhovnicească nu se descoperă în noi deodată. Orice s-ar întâmpla în viață, oricât de greu ar fi momentul în care ne aflăm, trebuie să înțelegem că Dumnezeu nu ne dă niciodată suferințe zadarnice. El nu vrea niciodată să ne fie rău, să ne doară, să plângem de dimineața până seara, să rămânem lipsiți de vreun lucru bun. Dimpotrivă, Domnul vrea să simțim plinătatea vieții, să avem prisos de puteri, să fim sănătoși, înfloritori, să avem energie creatoare – iată ce vrea Dumnezeu. El vrea foarte mult acest lucru, dar totodată înțelege că noi ne împotrivim cu disperare înaintării spre acest scop. Domnul nu ne poate aduce cu sila la starea de libertate, înflorire și plinătate a vieții. Înțelegând că suntem neputincioși și avem lipsuri, că suntem necredincioși și lipsiți de duhovnicie, din mila Sa ne dă să trecem prin anumite situații grele. El ne aduce aminte că în anumite privințe suntem slabi și neputincioși, dar totodată ne face să simțim că putem trăi altfel. Făcându-ne acest „vaccin" de viață nouă, mai sănătoasă, corectă și rațională, Domnul reface, puțin câte puțin, firea noastră știrbită și deteriorată de păcat. El schimbă în chip tainic alcătuirea firii omenești, pentru ca noi să învățăm să ne bucurăm, să ne învățăm să prețuim viața, să-l înțelegem pe celălalt.

În toate greutățile vieții este cuprins întotdeauna un sens duhovnicesc. Trebuie să ne amintim că voia lui Dumnezeu este bună întotdeauna. Depășirea bărbătească și răbdătoare a acestor situații grele ne va aduce neapărat câștig, atâta doar că trebuie să avem voința de a învăța să facem asta. Trebuie să ne însușim tocmai această cunoaștere, care îl întărește pe om, care îi adaugă putere, nădejde, încredere în viitor. Omul trebuie să se maturizeze, să devină ființă cu adevărat rațională, care ascultă de Făcătorul și Ziditorul său. Domnul ne duce la starea aceasta treptat. Dintr-o singură sforțare nu merge, nu vom putea să devenim desăvârșiți deodată. Dumnezeu ne aduce la adevăr treptat, trimițându-ne greutățile acestea. Ele reprezintă pentru noi niște trepte duhovnicești, pe care ridicându-ne creștem și ne maturizăm. La un moment dat ne simțim maturitatea, libertatea, bucuria datorată faptului că am dobândit atât de mult cu ajutorul lui Dumnezeu. Fie și cu prețul suferințelor. După aceea suferințele se uită, iar bucuria rămâne. Amintiți-vă că în Evanghelie este un episod când Domnul spune că omul caută în țarina vieții sale o comoară, un mărgăritar, și atunci când în cele din urmă o află, primește sentimentul bucuriei și al deplinătății vieții. Pentru acest mărgăritar duhovnicesc este gata să vândă întreaga țarină, adică să dea tot ce avea înainte.

Tocmai aceasta este principala noastră bogăție, principalul bun al personalității noastre. Este câștigul care niciodată nu va mai fi luat de la noi. Cu acesta vom merge în veșnicie.

# În educarea copiilor părinții divorțați trebuie să rămână aliați

SVETLANA ȘVEȚOVA, PSIHOLOG

– *Ce se schimbă în familie odată cu plecarea bărbatului?*

– Are loc un schimb de roluri. Dacă în familia completă rolurile sunt clare, bine definite – mama, tata și copilul –, atunci când tatăl pleacă din familie mama, de regulă, îl pune față de copil într-o poziție nu de părinte, ci de frate mai mare. „Du-te și plimbă-te cu copilul, supraveghează-l!" Venind în vizită, tatăl își distrează copilul, se plimbă cu el, dar în ochii mamei nu mai are aproape nici o responsabilitate. Și este rău așa.

Cel mai des, acest schimb de roluri este inițiat chiar de femei, care își pun foștii soți în condiții foarte drastice de comunicare cu copii. Ele își lasă copilul cu aceștia doar pentru scurtă vreme – o oră, două, doar o dată sau de două ori pe săptămână și numai pentru distracție. Bărbaților li se refuză dreptul de a se preocupa în mod constant de copil, li se refuză dreptul de a se ocupa în mod serios de educația lui sau de dezvoltarea lui morală și culturală.

Eu văd câteva cauze care duc aici. În primul rând, limitările drastice impuse comunicării între tată și copil apar ca o variantă de „educare” a celui dintâi. În al doilea rând, înjosirea fostului soț, care este obligat să respecte aceste reguli, satisface setea de răzbunare a femeii pentru părăsirea familiei de către acesta.

Merită numită și o a treia cauză, în care ambele părți sunt deopotrivă de vinovate: femeia părăsită de bărbat după ce a fost înșelată de acesta sau din pricina anumitor neajunsuri ale lui își pierde orice încredere în el – și, bineînțeles, va vrea să-și protejeze fiul sau fiica de cel pe care îl consideră purtător al unor însușiri morale de proastă calitate.

– *Care sunt regulile fundamentale pe care trebuie să respecte părinții divorțați pentru a reduce la minimum efectele negative ale rupturii dintre ei asupra copiilor?*

– Divorțul, destrămarea căsniciei este un fenomen nefiresc și întristător. Atunci când dragostea sau ceea ce soțul și soția considerau a fi dragoste dispare, atât pentru cei doi, cât și pentru copiii lor începe o perioadă de mari suferințe. Nici un copil nu va fi fericit vreodată atunci când tatăl și mama lui încetează să se mai iubească și se despart. Lucrul acesta trebuie neapărat înțeles atunci când vă aflați în pragul divorțului, dar încă îl puteți opri.

Dacă despărțirea soților a avut deja loc, este foarte important ca ei să evite confuziile conceptuale și în idei, și în cuvinte, și în fapte. Divorțând, cei doi încetează să mai fie soț și soție, însă nu trebuie uitat că pentru copil ei rămân mamă și tată, rămân părinți pentru totdeauna!

Unitatea celor doi soți care se iubesc este întărită de noul om care vine pe lume, născându-se în urma căsătoriei lor – și dacă această căsătorie se destramă, iar părinții își găsesc alți tovarăși de viață, ei nu încetează totuși să fie mamă și tată pentru copiii lor. În cazul acesta, dacă părinții își dau seama de faptul că, deși nu mai sunt soți, rămân în continuare mamă și tată, ei rămân **aliați** în problemele legate de educare a acestor copii. Nu contează cu care dintre soți rămâne copilul, pentru viitorul lui tatăl și mama sunt deopotrivă de responsabili.

Foarte des părinții își dau foarte bine seama că copilul are neapărată nevoie să comunice cu tatăl sau mama care lipsește din familie, dar nu înțeleg următorul lucru foarte important: pentru dezvoltarea normală, completă a copilului nu mai puțin important este ca părinții **să comunice între ei cu privire la copil**. Tocmai asta numesc eu a fi aliați.

Părinții divorțați cu simțul răspunderii, atunci când construiesc noua relație dintre ei în urma divorțului, se gândesc nu la sine, nu la propriile ambiții, foloase, sentimente, ci la binele copiilor pe care îi au împreună. Ruptura completă a relațiilor dintre părinți, când aceștia încetează a fi aliați, se răsfrânge extrem de negativ asupra sănătății psihice a copilului, lucru care se manifestă prin comportamentul lui, prin tulburarea unor funcții psihice cum ar fi atenția, memoria, percepția, comunicarea cu cei din jur.

Adeseori, părinții divorțați îmi cer asistența tocmai pentru că descoperă modificări stranii sau negative în comportamentul copiilor lor. Cele mai răspândite acuze privesc neatenția, lipsa de concentrare. Copilul este mereu închis în sine, nu-i aude și nu-i observă pe cei din jur. Dacă se concentrează, poate să-și facă tema în zece minute, dar dacă nu stai alături să-i dirijezi atenția, va sta și un ceas, şi două, şi se va uita în tavan, pe fereastră, se va gândi la ceva...

Această tulburare a atenţiei este urmare tocmai a stresului prin care copilul a trecut în condiţiile divorţului şi rupturii emoţionale dintre părinţii săi, pierderii unui om drag. Şi totuşi, nu toţi părinţii văd legătura dintre schimbările din comportamentul copilului şi divorţul lor. Ei se enervează pe copil, îl ceartă, îl târăsc pe la doctori, fără să se gândească absolut deloc să schimbe ceva în relaţia cu fostul soţ.

În realitate însă, copiii suferă foarte mult din pricina despărţirii părinţilor, şi dacă pentru foştii soţi ruptura poate fi un eveniment dorit, indispensabil şi primit cu un calm total, pentru copilul care vede cum se despart tatăl şi mama lui ea are o cu totul altă însemnătate, una îngrozitoare. Şi nu trebuie să credem că îl îngrijorează propria bunăstare, că se teme numai să piardă atenţia de care se bucura. Nu!

Un băiat de 12 ani, ai cărui părinţi, divorţaţi de mulţi ani, şi-au normalizat nu demult relaţiile, mi-a zis: „Da, acum mă simt normal, pentru că totul este în regulă. Comunic şi cu mama, şi cu tata, şi nu-l aştept nici pe unul, nici pe celălalt. Ştiu precis că vineri o s-o văd pe mama, iar luni o să mă ia tata. Şi atâta timp cât totul este normal, sunt liniştit. Nu îmi fac griji pentru ei." Înţelegeţi, copilul a zis: „pentru ei"! Este un băiat foarte bun şi inteligent, şi la cei 12 ani ai săi este tot timpul tensionat, deoarece se teme că relaţiile acestea fragile dintre tatăl şi mama sa se vor strica, se vor rupe. Şi dacă tatăl şi mama vorbesc grosolan unul cu celălalt, se ceartă, el începe să se neliniştească. Neliniştea lui se manifestă prin refuzul de a învăţa, prin neatenție, printr-un comportament haotic, prin agresivitate și grosolănie care se manifestă față de cei din jur la școală.

Tulburările acestea încep să se manifeste atunci când în relațiile dintre el, mama lui și tatăl lui au loc anumite conflicte sau atunci când consideră el că pot avea loc. Iar piatra de poticnire în aceste conflicte e chiar copilul. Într-un fel, este o situație absurdă: copilul se teme de conflict în relațiile dintre părinți, dar uneori provoacă conflictele acestea chiar el.

*– Mamele divorțate pun adeseori întrebarea: „De ce copilul se poartă rău după ce vine de la tatăl său, cine e vinovat?"*

– Probleme de acest gen pot apărea dacă mama și tatăl nu pot ajunge la un acord, nu sunt aliați. Totuși, copilul nu trebuie lipsit de comunicarea cu tatăl dintr-o asemenea cauză.

Adeseori copilul se poartă rău după ce se întoarce de la tatăl său pentru că la el s-a aflat în alte condiții decât acasă, a avut alt regim al zilei. De exemplu, tatăl poate să-i permită copilului să se culce mai târziu, să se uite mai mult la televizor, poate să nu-l hrănească pe copil la timp ș.a.m.d. Firește, pe mamă o îngrijorează foarte tare faptul că, în consecință, copilul începe să fie capricios după ce se întoarce acasă.

Tatăl și mama ar putea totuși să cadă de acord ca acea zi a săptămânii pe care copilul o petrece la tatăl său să fie puțin altfel decât toate celelalte zile, și tatăl trebuie să-i explice copilului că în ziua respectivă vor trăi după alt program decât cel obișnuit, dar că acest program nu reprezintă norma: pur și simplu „ne vedem rar și pot să-ți permit asta, dar când te duci la mama trebuie să te porți așa cum spune mama."

*– Dar asta nu va face ca la copil să se formeze un dublu standard? Va putea el să țină minte și să înțeleagă ce și când se poate, ce și când nu se poate?*

– Dacă părinții se înțeleg între ei și cu copilul, nu vor apărea nici un fel de conflicte. Chiar și într-o familie obișnuită, completă, dacă părinții au abordări diferite ale educației copiilor, dacă unul dintre ei permite ceea ce celălalt interzice, copilul se trezește într-o situație foarte dificilă. Deseori el devine „vinovat" încălcând ba interdicțiile unui părinte, ba pe ale celuilalt, și nu înțelege care reguli sunt cele mai bune dacă în situații absolut analoge unul dintre părinți îl laudă, iar celălalt îi face chiar atunci observație sau îl pedepsește, dacă unul permite, iar celălalt interzice. În asemenea situații, copiii își sesizează foarte clar avantajul și devin neascultători, stârnind enervarea și mânia părinților.

În atare împrejurări, copilului îi vine să spună tatălui său și mamei sale: „Dragi părinți! Eu v-aș asculta cu multă plăcere, însă vă rog să vă hotărâți și să cădeți de acord ce anume e pentru mine bine și ce e rău, iar până când vă veți hotărî eu voi face așa cum cred de cuviință!" Părinții trebuie să fie foarte consecvenți și stabili în purtarea lor, în cerințele pe care le au față de copil.

Din cauze lesne de înțeles, problema descrisă mai sus apare sau se acutizează în cazul divorțului părinților. În pofida ranchiunelor sau pretențiilor pe care le au unul față de celălalt, părinții trebuie să ajungă la un acord cu privire la anumite reguli și abordări fundamentale ale educației copilului.

În cazurile când nu se reușește lucrul acesta, este neapărat necesar ca acela dintre părinți căruia i-a fost încredințat copilul să-l poată lămuri că pentru el funcționează acele reguli și acele norme de comportament care sunt stabilite la ei în casă, iar celelalte legi, pe care le stabilește în comunicarea cu copilul celălalt părinte, care a plecat din familie, se explică prin faptul că întâlnirile cu el sunt rare și fiecare din ele reprezintă o sărbătoare, iar de sărbători pot fi încălcate întrucâtva regulile.

*– Ați întâlnit în practică și cazuri când educarea copiilor de către părinți divorțați să aibă loc cu tot atâta succes ca în familiile complete? Ați putea să le dați niște sfaturi practice acelor părinți divorțați care-și iubesc copiii și pentru fericirea lor sunt gata să aleagă cel mai potrivit model de educație pentru această situație și să-l întrupeze în viață?*

– În primul rând, amândoi părinții, indiferent de felul cum s-a produs despărțirea lor și cu ce au rămas după aceasta, trebuie să-și controleze emoțiile și să înțeleagă că, orice s-ar fi întâmplat, viața continuă. Copilul continuă să se dezvolte și să crească în continuare, și el nu poate și nu trebuie să aștepte multă vreme până când relațiile dintre părinții săi despărțiți se vor îmbunătăți și la aceștia va apărea dorința de a cădea de acord cu privire la educația lui. Copilul se dezvoltă văzând cu ochii. Este important să nu pierdem vremea și să nu dăunăm, întrucât în dezvoltarea copilului există perioade sensibile, pe care dacă le pierzi este foarte greu să recuperezi.

În această situație, cel mai bine va fi dacă părintele care a plecat va lua asupra sa o parte din îndatoririle legate de îngrijirea zilnică a copilului și le va îndeplini cu conștiinciozitate.

Când tatăl care a plecat o ajută în mod regulat pe mamă – de exemplu, îl duce pe copil la policlinică, grădiniță sau școală, dacă în fiecare week-end îl duce pe copil la teatru sau la muzeu –, copilul va simți, în pofida faptului că tata și mama nu trăiesc împreună, că amândoi sunt alături de el. În această situație, îi va fi semnificativ mai ușor să suporte despărțirea lor.

În experiența mea practică am cunoscut exemple pozitive în acest sens. Totuși, în orice caz, chiar și exemplele cele mai fericite care îmi vin în minte erau afectate de o gravă traumă emoțională pentru copil, traumă care este provocată de divorț și care, de regulă, continuă și se dezvoltă în viața adultă. De obicei, este vorba de probleme legate de propria viață familială: dificultăți în alegerea soțului (soției), indecizia în ce privește însurătoarea (măritișul), incapacitatea de a duce o viață familială normală. Multe sunt și celelalte probleme, multe sunt temerile și complexele legate de amintirile din copilărie despre drama familială a părinților. Vreau să spun că și dacă amândoi părinții, după divorț, îi acordă copilului un ocean de atenție, tandrețe și dragoste, chiar dacă ei s-au înțeles în mod serios și detaliat să-l educe într-un mod coerent, despărțirea lor rămâne oricum un eveniment serios, care influențează în continuare, la orice vârstă, viața copilului – și lucrul acesta constituie un argument cu greutate în favoarea unei atitudini responsabile și mature față de viața noastră de familie.

Există, totuși, exemple relativ fericite. Îmi amintesc de o situație în care mama le permite copiilor să meargă oricând la tatăl lor și o respectă pe a doua lui soție. La rândul său, aceasta îi iubește foarte mult pe copiii lui, îi răspunde primei lui soții cu același respect, le face cadouri de fiecare sărbătoare copiilor și mamei lor. Toți acești oameni se înțeleg excelent și trăiesc liniștit, fiecare cu viața sa.

Unul dintre copiii acestor părinți divorțați, acum fată de 20 de ani, îmi spunea: „Nu știu ce s-ar fi întâmplat dacă n-ar fi întreținut relații bune. Le sunt recunoscătoare mamei și tatei pentru faptul că au păstrat asemenea relații calde. El poate veni la noi oricând în vizită, fără nici o problemă, și mama poate trece pe la el la fel de liniștită, este binevenită la el în casă, și suntem cu toții apropiați."

– *Probleme semnificative apar tocmai din cauza faptului că unul dintre părinți sau amândoi își refac viața, și atunci le vine foarte greu să se mai întâlnească. Pe lângă asta, poate apărea gelozia față de noua soție (noul soț) a fostului tovarăș de viață, cu care copilul comunică...*

– Eu lucrez adeseori cu oameni care au probleme din această cauză. Acei părinți divorțați care au reușit să întrețină relații bune nu vin la mine din cauza copiilor. N-au de ce. Mulți copii ai unor părinți despărțiți cresc împreună cu tatăl vitreg și totodată se întâlnesc în mod regulat cu tatăl lor natural. Alături de părinții „suplimentari" apar bunici „suplimentari", și dacă toți acești oameni se iubesc și se respectă, copiii au posibilitatea de a comunica într-o atmosferă pozitivă cu toate rudele lor.

De regulă, în asemenea familii sănătoase nimeni nu ascunde nimic, nimeni nu-i explică până la saturație copilului nuanțele și subtilitățile relațiilor dintre „oamenii mari": atât adulții, cât și copii trăiesc în armonie, se întâlnesc în mod regulat, se adună pentru rezolvarea dificultăților și de sărbători.

Exemplele de genul acesta sunt însă foarte puține la număr. De regulă, cei ce s-au despărțit păstrează ranchiună unul împotriva celuilalt, rămân adversari, vrăjmași pentru multă vreme sau chiar pentru totdeauna, încearcă să-l atragă pe copil fiecare de partea sa, să-i capete sprijinul în conflictul dintre ei. Frecvente sunt situațiile când femeile, păstrând ranchiună împotriva foștilor soți, le spun tot felul de murdării despre ei copiilor, dar se întâmplă ca și tatăl care a plecat să-și „monteze" copilul împotriva propriei mame, cu care acesta locuiește.

Copilul ajunge o armă în mâinile părinților, o armă cu care fiecare dintre aceștia încearcă să continue să-l rănească pe celălalt. Orbiți de ură, înrăiți de insuccesele personale, oamenii otrăvesc cu aceste sentimente meschine atât viața prezentă, cât și pe cea viitoare a copiilor lor.

Iată o situație tipică: mama se desparte de tată deoarece acesta a căzut în patima băuturii. Au o fiică. Tatăl, să zicem, se însoară cu altă femeie, care îl tolerează așa cum este, face copii cu ea și uită de prima lui soție. Totodată, el se întâlnește cu fiica sa și o iubește, dar întâlnirile acestea sunt rare, și întrucât el are o nouă familie, nu poate să-și ajute material fiica așa cum o făcea înainte. Cea de-a doua soție a tatălui și fiica nu reușesc să întrețină relații bune, și de regulă nu întrețin nici un fel de relații. Tatăl și fiica se întâlnesc pe „teritoriu neutru", numai ei doi. Iar femeia divorțată – lucru tipic pentru țara noastră – nu reușește să-și refacă viața, își crește și educă fiica practic de una singură, și păstrează o ranchiună neîmpăcată împotriva fostului soț, adeseori plânge îndelung și-i povestește fiicei ce nemernic a fost și este tatăl ei.

Iar după aceea vin la mine nu mama și nu tatăl, ci fiica lor, când devine adultă: în viața ei, furia inconștientă împotriva tatălui se manifestă prin neîmplinirea relațiilor ei cu sexul opus. Această ranchiună a copilului împotriva tatălui, ranchiună pentru faptul că le-a părăsit pe ea și pe mama ei, își pune mereu amprenta distructivă asupra relațiilor ei cu bărbații. Pe reprezentanții sexului opus îi percepe cu temere, așteaptă de la ei din principiu o ticăloșie, rupe cu un sentiment de dispreț și ură relațiile care sunt încă în fașă, așteptând și realizând repetarea destinului mamei sale.

– *Dar ce le-ați spune mamelor care pun întrebarea: „Dacă tatăl și-a părăsit copilul, cum aș putea să compensez educația masculină, ce să fac pentru ca trauma despărțirii de tată și lipsa participării lui masculine în viața copilului să fie cât mai redusă?"*

– De spus cum se face asta este ușor. De făcut e cu mult mai greu. În primul rând, mama trebuie **să-l ierte pe omul care a părăsit-o**. Pur și simplu să-l ierte și să-i dea drumul, să se silească să renunțe la retrăirea constantă a rupturii. Lucrul acesta e foarte important nu doar pentru copil, ci și pentru însăși femeia părăsită, pentru sănătatea ei morală și fizică.

Ofensele grave care nu sunt iertate vreme îndelungată îi provoacă enorme daune omului, fără să conteze dacă ofensele acestea sunt legate de nereușitele din viața personală sau de vreun alt rău. Când omul ține ranchiună împotriva celui care a plecat, care l-a părăsit, ranchiuna nu-l lasă să trăiască, îl trage la fund ca un pietroi. Și copilul simte lucrul acesta, iar cel mai des poate vedea și lacrimile mamei sale, poate auzi ce spune ea despre tatăl lui.

Dacă vin la mine femei părăsite cu copii, acestea trădează, de regulă, foarte rapid dispoziții sufletești foarte periculoase atât pentru copil, cât și pentru ele, chiar de la prima frază pe care o rostesc: „Copilul n-are tată, trăim singuri." Cuvintele acestea sunt rostite în mod curent și sunt rostite de față cu copilul, și eu înțeleg imediat prin ce trece femeia respectivă și prin ce trece fiul sau fiica ei.

Concepția potrivit căreia „dacă bărbatul pleacă din familie, din punctul nostru de vedere" (al mamei și al copilului) „încetează să mai existe" străbate ca un fir roșu toată viața multor copii, otrăvindu-le anii copilăriei. Femeia părăsită, suferind crunt, prin plângerile sale, prin întristările sale influențează încă din pruncie viața copilului, îi insuflă durere și groază în fața faptului că sunt singuri, durere și groază în fața trădării bărbatului.

Femeile părăsite cu copii merită o enormă compătimire, ele au dreptul să-și exprime suferința, dar trebuie și să își amintească de responsabilitatea pe care o au pentru destinul copiilor, trebuie să se străduie să le facă fericită copilăria, fără a justifica greutățile vieții doar prin faptul că bărbatul i-a părăsit.

Pe lângă asta, cum poate copilul, într-o atare situație, să-și cinstească tatăl, potrivit poruncii creștine? Căci s-a zis: *să cinstești pe tatăl tău și pe mama ta*. Cum poți să-ți cinstești tatăl dacă din copilărie ți se spune că nu ai tată?.. Asta în primul rând. În al doilea rând, copilului i se spune: „De vreme ce a putut să facă așa ceva, nu îți este tată." Rezultă niște absurdități: excludem un om viu din memoria noastră, din însăși realitatea în care trăim! Și tot noi îi insuflăm copilului sentimentul că este inferior fiindcă n-are tată, îi insuflăm complexul ratatului, legat de faptul că n-a primit educația paternă!

Fiecare dintre noi răspunde pentru **sine însuși**, pentru **propria** atitudine față de copil, pentru **propriul** comportament. Nu avem dreptul să răspundem pentru atitudinea față de copiii noștri și pentru faptele altor oameni, inclusiv taților acestora.

Faptul că tatăl și-a părăsit familia și a încetat să comunice cu copilul este treaba lui personală, alegerea lui, hotărârea lui. Da, rău a făcut, s-a purtat mârșav, dar acesta nu este un motiv pentru a spori durerea pe care copilul o simte din pricina despărțirii de tatăl său aducându-i aminte zilnic de ea.

De vreme ce copilul a venit pe lume și a trăit o vreme într-o familie completă înseamnă că în acea familie a existat între părinți dragoste – și întrucât a existat dragoste, ea nu trebuie desființată în ochii copilului, nu trebuie distruse amintirile lui despre această dragoste și nu trebuie să i se insufle copilului ură față de tatăl lui!

*– Dacă copilul nu și-a văzut niciodată tatăl, dar întreabă: „Unde e tata?", ce trebuie să i se răspundă?*

– „Tata trăiește altundeva" – bineînțeles, dacă este viu.

*– „Dar de ce nu vine? Vreau să mă duc la el!" Cum să răspundem?*

– În orice caz, ar fi de folos pentru copil să își vadă tatăl măcar în fotografii. Important este ca el să știe că are tată, chiar dacă acesta nu este disponibil. Toate celelalte sunt chestiuni secundare. Relațiile cu tatăl sunt importante, dar dacă copilul spune că el nu are deloc tatăl, se pierde în lumea asta.

În Rusia există tradiția omenoasă de a inventa și povesti copiilor părăsiți legende cum că tatăl lor este un om foarte bun și foarte puternic, care lucrează ori servește în armată undeva departe, îndeplinind o misiune socială importantă. De exemplu, în vremea Uniunii Sovietice lua naștere adeseori frumoasa legendă că tatăl este aviator și a murit în război. Cu aceste imagini ale taților-eroi erau educați copiii, măcar că între timp „eroii", foarte adesea, se îmbătau liniștiți cu prietenii în raionul vecin.

Bineînțeles, nu vă sfătuiesc să inventați asemenea istorii, deoarece copiii, crescând, înțeleg totul, și adeseori descoperirea adevărului e pentru ei un șoc. Merită să reflectăm însă dacă nu cumva este mai bună chiar o asemenea născocire decât pustietatea neagră a lipsei tatălui, decât frazele despre „tatăl care ne-a părăsit, fiindcă nu are nevoie de noi", decât gândul permanent: „Nu am tată!"

– *Dar în situațiile când copilul îl cunoștea bine pe tată când a survenit despărțirea de el ce să facem? Poate că a fost martor al scandalurilor dintre părinți, al ieșirilor tatălui beat? Și uite că acum copilul întreabă: „De ce s-a purtat tata atât de urât cu noi?"*

– Trebuie să i se răspundă: „Așa e el." Copilul trebuie învățat să-și accepte tatăl așa cum este, dar nu trebuie învățat să condamne și să urască!

– *Cum poate fi compensată la copil lipsa comunicării bărbătești cu tatăl, a educației masculine?*

– Este bine dacă în familie sunt frați, unchi, bunici. Aceștia pot compensa lipsa tatălui, însă nu trebuie să se străduie să se substituie lui, ci trebuie să joace propriile roluri mai deplin și mai des în viața copilului.

„Eu sunt bunicul tău (unchiul tău), iar tatăl tău este tatăl tău; este așa cum este, dar altul n-ai și nu vei mai avea, scuză-mă. El ți-a dat viață, și trăiești, slavă Domnului! El a făcut principalul: ți-a dat viață. Iar cum se poartă cu tine e responsabilitatea lui personală."

Aici discuția e foarte lungă și delicată, în ea pot exista foarte multe variații diverse, în funcție de atitudinea celor implicați. Eu plec de pe poziția că există mama, și există tatăl, și există copilul. Și pentru copil sunt importanți ambii părinți. Oricât de rău ar fi tatăl – criminal, se poartă rău, alcoolic, bețiv –, nu încetează să fie tată. Același lucru se poate spune și despre mamă. Și această atitudine față de tată și mamă trebuie păstrată în orice caz, trebuie păstrată ideea că tata este Tata, iar mama este Mama. La întrebările copilului despre tatăl (mama) lui trebuie să se răspundă fără răutate, fără ură față de acesta (aceasta), cel mai bine cu un accent de respect: fie de bine, fie deloc.

– *Copiii trebuie inițiați în amănuntele împrejurărilor care au dus la divorț? I se poate spune copilului, când va ajunge la adolescență, cum și de ce tatăl și mama lui s-au despărțit, sau considerați că nu este necesar?*

– Dacă mama va începe să explice: „Înțelegi, ne-am despărțit fiindcă tatăl tău nu avea bani, câștiga puțin, nu putea să ne întrețină ca lumea", sau: „Mă săturasem de el", sau dacă tatăl – dacă comunică cu copilul – va începe să îi explice: „M-am îndrăgostit de altă femeie, pe mama ta nu o mai iubeam, că e așa și pe dincolo...", oricum o întoarcem reiese că unul dintre părinți va fi în ochii copilului mai rău decât celălalt.

Într-o asemenea situație se întâmplă ca acesta să ia vina asupra sa: „Am fost așa de rău, că n-au putut să trăiască mai departe împreună." Și trăiește cu această vină. Nu este admisibil să vezi în copil un prieten adult: aceasta este una dintre legile pedagogiei de calitate. Chiar și după ce copilul s-a făcut mare, nu trebuie să încercați să-l forțați să împărtășească punctul vostru de vedere adult și subiectiv asupra dramei lui familiale.

– *Dar dacă el caută din proprie inițiativă cauzele celor petrecute? Ce să-i răspundem?*

– Copilul încearcă să înțeleagă ce vină are el pentru faptul că tatăl și mama lui nu sunt împreună. „Tu nu ești vinovat(ă). Eu și tata am hotărât să trăim separat, dar el va rămâne tatăl tău întotdeauna, va veni pe la noi, chiar dacă nu va trăi cu noi. Iar eu sunt mama ta, voi fi întotdeauna cu tine." În copil trebuie păstrat și întărit sentimentul securității, el trebuie să creadă: „Totul va fi bine; cu toate că vine rar, oricum ai tată." Plecarea părintelui din familie este pentru copil ceva asemănător morții. Este o nenorocire. Și orice nenorocire trebuie depășită, trebuie să te adaptezi la noile condiții și să trăiești mai departe.

– *Cum trebuie să se poarte părinții cu copilul după divorț? Altfel, sau în această privință nu trebuie să se schimbe nimic?*

– Din experiența mea practică pot să spun că atitudinea părinților față de copil oricum se schimbă imediat. Am spus și înainte că adeseori tatăl devine pentru copil un frate mai mare – îl ia numai la plimbare, îi acordă ceva timp, nu prea mult, pe care îl petrece împreună cu el odihnindu-se și distrându-se. Uneori și asta se întâmplă rar. Pe când mama începe imediat să-l ocrotească și mai mult pe copil, să-l exaspereze cu continua ei atenție, cu întrebările de genul: „Nu ți-e foame? N-ai obosit? Vrei ceva?", ca el să nu se simtă nebăgat în seamă. Sau, dimpotrivă, copilul rămâne orfan cu părinți în viață, care sunt cufundați în trăirile lor.

**Fiecare dintre părinți trebuie să rămână și după divorț el însuși, nu trebuie să ocupe o nișă nefirească pentru el în sufletul copilului.**

Pentru a-și păstra dragostea copilului, tatăl devine un tovarăș de joacă mai în vârstă, dar uită să-l învețe și ceva folositor. Mama, dacă nu-și reface viața personală, începe să-l înlocuiască prin copil pe soțul care a părăsit-o, să-și acopere cu el lipsa și să-l trateze ca pe un adult, povestindu-i ca unei prietene despre toate trăirile ei sufletești privitoare la tatăl lui, despre toate chinurile ei din trecut și din prezent.

Nu numai un copil, ci chiar și un tânăr, să zicem, de 20 de ani, poate să nu reziste moral la o asemenea solicitare psihică! Nu demult am avut de-a face cu un cazul unui cuplu care nu a divorțat, dar practic sunt ca divorțați. Părinții își consideră fiul adult, și uite că mama se plânge tot timpul fiului de tatăl lui, iar tatăl – de mamă.

Ca rezultat, studentul de 20 de ani s-a refugiat cu totul în lumea jocurilor pe calculator, adică nu mai vede lumea din jurul lui, s-a cufundat în calculator cu totul, nu doarme nopțile, a început deja să sufere de tulburări psihice serioase. Bineînțeles, locul computerului putea fi luat de alcool, sau de narcotice, sau de prieteni dubioși. Iată ce se întâmplă când în conștiința omului este distrusă lumea, cu care este obișnuit și care îi este atât de necesară, a familiei.

În ce-o privește pe mamă, vreau să subliniez: femeia trebuie să rămână mamă și să nu dea copilul pe mâna dădacelor sau bunicilor, chiar dacă vrea să fie o vreme singură pentru a-și consuma suferința despărțirii. Trebuie ca totul să continue cum a fost: munca, grădinița, școala, îndatoririle casnice. Dacă mama nu poate face față singură stării sale, înseamnă că trebuie să apeleze la specialiști.

*– Adeseori, mama este nevoită să meargă la muncă, și de aceea îl trimite pe copil la grădiniță. Multe mame singure pur și simplu nu au cum să acorde mult timp copilului lor...*

– În orice caz, femeia trebuie să rămână o mamă bună. Și copilul suferă din pricina divorțului din familie și are nevoie de atenție dacă nu neapărat mai multă, însă de calitate. Problema este că adeseori femeia își concentrează toată atenția doar pe ea însăși, pe suferințele ei, pe trăirile ei sufletești. Copiii rămân absolut singuri, rămân lipsiți nu de o parte a dragostei cu care erau obișnuiți, dacă a existat iubire din partea tatălui, ci de toată dragostea părintească în general! Pe fondul singurătății sociale care însoțește pentru copil divorțul părinților lui, la copii apar și se dezvoltă foarte frecvent nevroze serioase.

Există însă și extrema opusă, când mama încearcă să-l înlocuiască pe tată, face pentru copil tot ce-și dorește el, îi creează o atmosferă de absolută dominanță în viața ei. În mod instinctiv, copilul acceptă cu bucurie aceste schimbări, însă cu timpul devine „băiețelul mamei", care nu poate face nici un pas fără mama lui: are deja 19, 20, 30, 40 de ani, iar el depinde pe de-a-ntregul, moral și material, la fel ca înainte, de mama. „Băiețelul mamei" tipic, crescut fără tată și corcolit, nu se va putea adapta la viața socială și profesională, unde va trebui să acționeze într-un mediu concurențial, nu va fi în stare să-și aleagă soția, nu va fi în stare să facă nici o alegere, în general. Un astfel de om rămâne copil până la sfârșitul vieții sale, până la sfârșitul zilelor sale va pretinde mult mai multă atenție și dragoste decât este el însuși în stare să ofere.

*– Atunci când copilul suferă, stăruie pe lângă mama sa să se împace cu tatăl său, trebuie să apelăm la un specialist?*

– Da, dacă copilul este deja implicat în destrămarea familiei, dacă el suferă acut din pricina ei, trebuie neapărat să se facă asta. Există terapie prin jocuri, există terapie prin povești, există și alte metode de lucru, cu ajutorul cărora poate fi ajutat să depășească situația despărțirii părinților.

Există, de asemenea, și situații când mama și tatăl se despart, tatăl are altă familie, alt copil, însă nu vrea să-l lase pe copil cu mama, cu bunica, și, luându-l pe timpul week-endului, îi spune mereu: „Tu o să trăiești cu mine." Iar copilul își iubește foarte mult mama, bunica, și nu vrea să se despartă de ele! Plecând de la grădiniță, plânge mereu: „Mami, da' să vii după mine!" Își iubește tatăl, dar se teme mereu de venirea lui! Se teme ca nu cumva să își piardă mama.

Până la 12 ani, copilul este mai legat de mamă, are neapărată nevoie să fie cu ea. Ca atare, cel mai frecvent copilul rămâne cu mama, tatăl nu pretinde dreptul de a-și educa în mod constant copilul, și lucrul acesta este corect. În general însă, după cum spunea un psihoterapeut, există o regulă importantă: **copilului îi este mai bine cu părintele care nutrește mai puține sentimente negative față de celălalt.** Copilului îi e mai bine cu părintele mai bun! El se simte mai confortabil cu cel ce are o dispoziție sufletească mai puțin negativă. Voi explica imediat de ce. El seamănă cu mama sau cu tatăl său. Și dacă mama îl vede în fiu sau în fiică pe tată, atunci, ori de câte ori comportamentul copilului începe s-o enerveze, ea spune: „Cum seamănă cu taică-su, ce caracter poate să aibă!" Aceste cuvinte despre tatăl copilului au o nuanță profund negativă. Dar copilul cum înțelege asta? El o ia literal: „Sunt rău!" Respectul de sine scade, și prin însuși acest fapt scade calitatea personalității ce se formează. Ca atare, străduiți-vă să vă înfuriați mai puțin, să vă supărați mai puțin, să priviți cu mai mult calm conflictul pe care îl aveți cu celălalt părinte.

Există un studiu care arată că după 12 ani este de dorit ca băieții să fie încredințați spre educare tatălui, deoarece la vârsta adolescenței copilul devine mai greu de strunit, are nevoie de mână bărbătească. Dacă tatăl începe să se ocupe de educația copilului când acesta ajunge la vârsta adolescenței sau să depună eforturi suplimentare în acest scop, copilului îi va fi mai ușor să se dezvolte în mod corect, să se stăpânească, să-și controleze emoțiile.

Bineînțeles, aici au însemnătate calitățile morale ale tatălui. A fost un caz, de exemplu, când în noua familie a tatălui toți erau narcomani, și copilul își petrecea în acest mediu deviant week-endurile. Mama lui, considerând că el are totuși nevoie de educație masculină, m-a întrebat: „Într-o asemenea situație este oportun să-l las cu tatăl lui în week-enduri?" Bineînțeles că nu! Un asemenea tată trebuie să-și vadă copilul pe teren neutru, în prezența mamei. Oricum, copilul mic nu trebuie speriat cu narcomania, nu trebuie să i se interzică întâlnirile cu tatăl, dacă acesta se comportă civilizat.

Aș vrea să atrag atenția și asupra bunicilor. De obicei, în caz de divorț bunicile iau partea propriului copil. Când nepoții se duc la bunici, acestea își manifestă neapărat, prin lucrurile pe care le spun, atitudinea negativă față de fostul ginere (fosta noră). Tot efortul părinților despărțiți de a crea un mediu educațional favorabil pentru copiii lor se poate duce pe apa sâmbetei, și, pe lângă faptul că aceștia află multe lucruri „interesante" din viața unuia dintre părinții săi, va putea căpăta convingerea că amândoi îl mint, amândoi se prefac.

De aceea, deseori mamele se tem să-și lase copilul la soacră, pentru a evita influențarea lui negativă. Și comportamentul bunicilor trebuie controlat. Foștii soți trebuie să discute în mod special cu părinții lor, să-i prevină: „Acestea sunt relațiile noastre personale, nu vă privesc pe voi. Copilul nostru este nepotul vostru (nepoata voastră) și bineînțeles că aceasta este o relație care trebuie păstrată, dar în relațiile dintre noi nu trebuie să vă amestecați, punem ordine în ele singuri."

Repet însă, este important să se păstreze o relație de bunăvoință a copilului nu numai cu părintele care a plecat, ci și cu bunicii din partea acestuia. Trebuie ținut totdeauna minte că și dacă cineva a plecat, oricum rămâne membru al familiei copilului vostru și acesta are nevoie de el!

Copilul trebuie să aibă baza familială, fundamentul creat în viață de oamenii apropiați. Dacă strici, cărămidă cu cărămidă, temelia casei, ea nu va dăinui mult. Așa e și cu temelia copilului: bunicii sunt stabilitate, tata și mama sunt stabilitate. Dacă aceste relații se destramă – dintre mamă și tată, mamă și părinții tatălui, tată și părinții mamei –, copilul nu mai privește în viitor. El nu-și mai poate stabili și urmări scopuri, pentru că este tot timpul îngrijorat de aceste relații. Lucrul acesta nu se observă, dar starea lui emoțională interioară este întotdeauna agitată.

Potrivit experienței mele așa stau lucrurile, că vă place sau că nu vă place. Înțelegeți, nu răspundem pentru atitudinea celorlalți față de noi. Răspundem pentru atitudinea noastră față de ceilalți, și dacă avem o atitudine binevoitoare, suntem în drept să contăm pe o reacție analogă din partea lor, sunt în drept și să nu contăm. Dimpotrivă, înverșunarea naște înverșunarea, indiferența naște indiferență, agresivitatea naște agresivitate, însă aceeași regulă se întinde asupra respectului, grijii, atenției.

*– Problema constă uneori în faptul că în relațiile dintre copil și părintele care a plecat nu există stabilitate, ele se desfășoară spontan, la voia întâmplării. Copilul nu știe când va veni tatăl lui, și îl așteaptă tot timpul.*

– Copilul așteaptă întotdeauna. Într-o astfel de situație, dacă toată problema constă în aceea că tatălui îi este greu să se încadreze în timpul pe care i-l rezervă mama pentru întâlniri, trebuie să i se spună: „Noi suntem bucuroși oricând ai veni." Trebuie înlăturate tensiunea, limitările excesive, și atunci bărbatul, simțind că e respectat, poate că va veni mai des – iar copilului, dacă îi este dor, trebuie să i se explice că așa este munca tatălui și că va trebui să rabde.

*– Dar în cazul când copilul spune: „Aș vrea ca tata să nu plece acum, să înnopteze aici" și așa mai departe, când vrea, dar nu se poate, și se mâhnește, ce este de făcut?*

– Într-o astfel de situație, copilul mic trebuie „comutat" de pe emoția negativă la una pozitivă: de exemplu, poate fi distras cu un joc. Nu trebuie să se facă o fixație pe trăirile acestea, ele trec repede. Toți oamenii se ciocnesc din copilărie cu piedici în calea înfăptuirii multora dintre dorințele lor, și copiii noștri, la fel ca noi, sunt pe deplin capabili să facă față, cu ajutorul nostru, acestei probleme. Copilul se „comută", el nu se poate gândi mult timp la un singur lucru. Părinții trebuie să găsească o activitate plăcută pentru copil, pentru a-i comuta atenția. Uneori chiar noi, adulții, îi provocăm copilului emoții dureroase ori i le amplificăm.

*– Mai este și problema că există comunicare între tată și copil, dar acesta nu poate primi educația paternă de care are nevoie deoarece întâlnirile sunt rare și scurte.*

– Faptul divorțului este ca atare un rău, dar trebuie să căutăm ceva bun în tot ce se întâmplă. Este rău că tatăl nu ia parte la educație, este rău că el comunică prea puțin cu copilul, însă acesta nu e un dat, e o problemă pe care trebuie să ne străduim să o rezolvăm.

Se consideră că dacă soțul a plecat din familie nu merită să mai tratezi cu el în vreo privință. Aceasta este însă o abordare fundamental greșită. Dacă apar anumite probleme legate de educația copilului, femeia trebuie să încerce să le rezolve cu fostul soț, lăsând deoparte ranchiuna. Dacă acesta va refuza să vină în întâmpinarea cererilor sau propunerilor ei, atunci să se străduie să rezolve singură, însă oricum trebuie să facă apel la el, trebuie să încerce să ajungă la un acord cu el, și nu trebuie să se supere dacă el refuză să-i îndeplinească anumite rugăminți. Supărările apar atunci când așteptăm de la om ceva, iar el nu ne justifică așteptările – dar dacă știm că el poate să refuze și îi dăm dreptul la refuz, comunicarea se simplifică semnificativ, întrucât nu mai suferim dacă suntem refuzați.

De altfel, nici nu este normal să gândim tot timpul de rău despre celălalt. Poate că în momentul în care faceți apel la el fostul soț are timp liber, și se gândește să participe la viața copilului, și este gata să vă ajute, și de aceea este foarte important, repet, să puneți la punct un canal de comunicare, să fiți în stare să-l rugați pentru lucrul de care aveți nevoie copilul și dumneavoastră.

*– Dar dacă fosta soție se lovește permanent de refuzuri din partea fostului soț în problemele legate de copil? Ce este de*

*făcut dacă mama îi spune tatălui: „Copilul are probleme cu învățătura", iar el răspunde: „Da, ce păcat! Păi, pe curând"?*

– Cu bărbatul trebuie să vă străduiți să cădeți de acord asupra unor sarcini concrete pe care el ar putea să le îndeplinească. Nu trebuie să i se vorbească bărbatului despre problemele copilului numai la modul general: „Copilul are probleme la școală", sau: „Copilul învață prost", sau: „Trebuie să te vezi cu el în mod regulat". Bărbații reacționează mai bine la rugămințile femeilor dacă acestea le propun să găsească soluții concrete la problemele respective: „Când ai putea să vii ca să...? Hai să stabilim concret, cât timp poți să petreci acum cu copilul? Fiica noastră are probleme la școală: ai putea să te ocupi de ea sâmbătă dimineață, s-o ajuți la lecții?" ș.a.m.d. Bărbații se pricep foarte bine să fixeze un scop concret și să acționeze spre atingerea lui.

*– Dar dacă bărbatul nu se ține de cuvânt? Dacă fosta lui soție s-a înțeles cu el la modul concret – că-l va vizita pe copil, să zicem, o dată pe săptămână –, iar el vine în medie nu mai des de o dată la trei săptămâni?*

– Din păcate, lucrul acesta se petrece foarte frecvent. Bărbatul care a plecat se înstrăinează treptat de copil. Cel mai des, când bărbatul pleacă, la început, fiind supărat pe soție, nu-i în stare să-și vadă copiii, fiindcă aceștia îi amintesc de ea. Se întâmplă însă și ca soția, de pildă, să sune și să-i spună: „Vino mai repede, copilul vrea mult să te vadă, băiatul plânge", și după aceea îi dă copilului receptorul. Tatăl aude plânsul copilului, dar în același timp se gândește că „fosta" lui face asta special ca să-l aducă înapoi. În acel moment, bărbații nu-și dau seama că fosta soție este una, iar copilul altceva, și amestecă atitudinea față de soția părăsită în atitudinea față de copii.

*– După divorț, la mama sau tatăl cu care trăiește copilul apare o nouă familie. Cum trebuie construite relațiile noului soț cu copilul și cum trebuie prezentată copilului situația?*

– În primul rând, în nici un caz nu trebuie cerută permisiunea copilului ca „nenea acesta să locuiască la noi" sau ca „noi să locuim la nenea acesta". Nu este admisibil să aruncați asupra copilului responsabilitatea pentru hotărârile voastre. Acesta este principalul. Mama face alegerea sa matură și decide singură. Trebuie să deosebiți singuri un om bun și de nădejde de unul ușuratic, leneș sau vicios: să nu credeți că cel mic are vreo intuiție specială, nu este adevărat!

Este foarte de dorit să i se facă cunoștință copilului cu bărbatul în cauză atunci când relația s-a cristalizat deja, **însă nu trebuie ca acesta să-i fie prezentat copilului ca „nou tată"**, este important să se precizeze că el îi va fi tată vitreg, iar tată al copilului este alt om, cel din care s-a zămislit. Și acesta este al doilea moment important.

*– Atunci când ne căsătorim a doua oară există anumite lucruri obligatorii care trebuie luate în considerare pentru a asigura fericirea copilului?*

– Trebuie luată întotdeauna apărarea copilului atunci când este nevoie. De asemenea, mama trebuie neapărat să rezolve singură problemele serioase legate de educarea copilului, în particular când este vorba de pedepsire. Pedepsirea copilului nu trebuie încredințată omului cu care trăiește mama. Femeia trebuie să-și asume această răspundere, pentru că mama este un om mai important în viața copilului decât un bărbat străin, care a venit în viața lui – or, de pedepsit trebuie să pedepsească tocmai omul mai important, căci dacă pedepsește cel care a venit de curând, cel nou, față de el apare o altă atitudine, de obicei negativă, și pedeapsa nu își atinge scopul.

Pe lângă asta, dacă femeia se mărită a doua oară, deseori se ridică următoarea problemă: trebuie restrânse relațiile dintre copilul ei și tată sau trebuie reglementate într-un mod nou? Deoarece femeii i se pare că întâlnirile ei cu fostul soț pot să dăuneze noii ei vieți. Eu cred că nu trebuie schimbat nimic. Relațiile copilului cu tatăl trebuie să continue; mai mult decât atât, este foarte bine dacă se stabilesc relații bune între tatăl natural și cel vitreg al copilului, analoge relațiilor de alianță, ca să zic așa, dintre soții despărțiți.

Este întristător, dar cel mai des lucrurile se petrec altfel. Tatăl vitreg și tatăl natural intră în competiție pentru drepturile asupra copilului, și tatăl natural este obligat să cedeze, cu toate că acest lucru depinde adeseori și de acesta din urmă, de cât își iubește el copilul și cât de dispus este să se despartă de el. De exemplu, tatăl natural se întâlnește cu copilul rar, bea des, și bineînțeles că în curând tatăl vitreg îi ia total locul în viața copilului. Eu cred că nici aceste schimbări nu trebuie împiedicate. Important este **să nu se pună piedică în calea dragostei tatălui față de copil și a copilului față de tată**, dacă această dragoste există.

– *Unii bărbați, dacă iau în căsătorie o femeie cu copil, îi spun: „Pot să-l accept pe copilul tău ca pe propriul meu copil, dar asta dacă nu va mai comunica cu tatăl său, fiindcă nu vreau să fiu vioara a doua." Ce este mai bine pentru copil?*

– Acum, lucrul acesta se petrece foarte frecvent. Exact cum spuneți, bărbatul pune condiția ca tatăl, primul soț, să nu calce în casă. Și tatăl natural este lipsit de drepturile părintești, copilul e înfiat. Aici, copilul crește într-o familie completă, unde este mamă, tată, alți copii, însă când el va crește, în orice caz va simți că ceva nu este în regulă, și atunci va trebui să i se spună adevărul despre felul cum tatăl natural a fost exclus din viața lui.

Pentru copil este mai bine să păstreze relația cu tatăl. Fac încă o dată trimitere la porunca: *să cinstești pe tatăl tău și pe mama ta, ca să-ți fie ție bine și să trăiești mulți ani pe pământ*, fiindcă „a trăi mulți ani pe pământ" înseamnă și sănătate, și continuarea neamului, și multe alte lucruri. Ca atare, este foarte important să împlinim în orice situație această poruncă.

Am lucrat cu o femeie care, fiind măritată și având proprii săi copii, a aflat că tatăl ei, care a crescut-o, îi era de fapt tată vitreg; cel natural murise (foarte recent), și nici măcar n-a fost înștiințată. Ea a surprins întâmplător o discuție a părinților săi la bucătărie, și le-a cerut să-i spună adevărul. Mama și tatăl vitreg au recunoscut și au confirmat că tatăl ei natural murise nu demult, dezvinovățindu-și tăcerea prin faptul că ea îl considera tată încă din pruncie pe tatăl vitreg. Femeia respectivă a rupt total relațiile cu mama și tatăl vitreg. Din câte îmi spunea, dintotdeauna simțise care e adevărul. Mai bine ar fi fost ca după vârsta de 16 ani mama ei să-i fi spus acest adevăr.

La vârsta adolescenței, copiii fac uneori gesturi necontrolate, și ca atare este o mare problemă stabilirea momentului când trebuie să li se spună adevărul. De obicei, psihologii spun: cu cât mai devreme, cu atât mai bine. Căci dacă nu îi spuneți voi copilului, îi vor spune vecinii „binevoitori", copiii vecinilor respectivi sau cine mai știe cine. Bineînțeles, acest adevăr îl traumatizează pe un copil, ba chiar și pe un adult. Tații vitregi care cresc copiii altora se tem foarte mult că aceștia, aflând adevărul despre tatăl lor natural, îi vor respinge, vor pleca de acasă ori că relația lor va fi afectată în vreun alt fel; temându-se de aceasta, ascund adevărul din răsputeri.

Nu se poate spune însă fără echivoc că o astfel de ascundere a adevărului este corectă sau incorectă. Eu consider că fiecare situație concretă cere o abordare aparte. Principalul este să nu vă temeți că adevărul va ieși la iveală, fiindcă aceasta e realitatea. Chiar dacă copilul va afla pe cont propriu tot adevărul – așa a ieșit –, i se poate explica de ce a fost nevoie să i se ascundă situația, fără a împroșca cu noroi alți oameni, mai ales tatăl lui natural.

*– Există femei care evită în mod deliberat a doua căsătorie, considerând că alături de un bărbat străin copilul ei nu va putea fi fericit.*

– Eu consider că aceasta este o convingere greșită și dăunătoare. Trebuie să trăiești mai departe, să te simți femeie. Repet din nou: concentrându-se doar pe educația copilului, femeia crește adeseori un „băiețel al mamei". A-ți dedica toată viața copilului și a renunța la viața ta este incorect, de pe urma unei asemenea poziții suferă și femeia, suferă și copilul! Deoarece mama nu-i permite copilului să trăiască de sine stătător viața pentru care a fost născut.

*– Dacă tatăl a plecat în altă familie, la altă femeie, și vrea să-l ia pe copil în week-enduri, iar copilul va petrece timpul respectiv cu „cealaltă", lucrul acesta e admisibil?*

– Dacă problema se pune așa – admisibil sau nu –, da, este admisibil. Vreau să vă spun însă că, potrivit experienței mele, copiii sunt geloși pe relația tatălui cu alți copii – nu contează dacă aceștia sunt vitregi sau născuți din altă căsătorie. Și, de asemenea, pe relația lui cu altă femeie. Pe de altă parte, dacă relațiile sunt cordiale, este una, dar dacă mama se teme tot timpul pentru copil, este altceva.

Bineînțeles, este de dorit ca tatăl să comunice cu copilul între patru ochi. Și pentru copil este foarte important nu ca tatăl să meargă pur și simplu cu el la cinematograf, ori să cheltuiască bani pe ceva gustos pentru el, ci comunicarea în sine, lucru cu care tatăl, de obicei, nu este obișnuit. Ce fac deseori acești tați? Iau cu ei pe altcineva. De fapt, procedează greșit. Iar dacă tatăl îl ia pe copil la el și acolo are deja altă soție și alt copil, nu e nimic deosebit în asta. **Copilul va avea față de noua familie a tatălui aceeași atitudine pe care o are față de ea mama lui.** Dacă mama privește cu calm faptul că fostul ei soț are o nouă soție și noi copii, și copilul se va comporta la fel, va accepta lucrul acesta ca pe un dat – dar dacă mama este liniștită numai la suprafață, iar în interior fierbe de teamă, de furie sau gelozie, copilul va simți acest lucru. Adică nu este de ajuns să fii liniștită la suprafață, trebuie să-l lași pe copil liniștită la tatăl său, indiferent cu cine este și unde este. Dacă-l lași, lasă-l fără anxietate sau nu-l mai lăsa deloc. Atunci, copilul va fi liniștit, nu va suferi, fiindcă legătura emoțională cu mama este foarte puternică și emoțiile acesteia i se transmit. Este important să-l lași pe copil binecuvântându-l, și atunci el va avea o comunicare bună cu tatăl său și se va întoarce calm.

În general, dacă tatăl are altă familie și alți copii, copilul lui din prima căsătorie trebuie să știe că are un frate sau o soră, fiindcă pe linia tatălui aceștia îi sunt rude, care, cine știe, poate că îi vor fi foarte apropiate în viața adultă, de care va avea nevoie, cu care va fi prieten și cu care se va ajuta. În orice caz, sunt cu toții membrii ai aceleiași familii.

# Dacă nu știți încă să vă rugați

***Cum să ne rugăm?***

Adeseori, situația de divorț, de criză familială, reprezintă pentru om primul moment din viață când I se adresează lui Dumnezeu cu rugăminți – dar, după cum înveți orice altceva, trebuie să înveți și să te rogi. Dacă nu știți cum să vă rugați, iată câteva momente care trebuie neapărat luate în calcul pentru ca rugăciunile să vă fie de folos.

**1. Aduceți-vă aminte Cine este Dumnezeu, Căruia vă rugați.**

Pentru omul neîmbisericit, Dumnezeu este de regulă ceva abstract, „rațiunea supremă". În realitate însă, nu rațiunea este calitatea principală a lui Dumnezeu, ci DRAGOSTEA. Ca atare, pentru a nu „greși adresa" cu rugăciunile voastre, trebuie neapărat să vă străduiți să aflați cât mai multe lucruri despre viața pământească a Domnului nostru Iisus Hristos. Pentru aceasta, cea mai bună sursă este Evanghelia.

**2. Aduceți-vă aminte cine sunteți.**

Sunteți făptură a lui Dumnezeu, iubită de Făcător, înzestrată cu suflet nemuritor, care e mai de preț decât toată lumea materială – însă și dumneavoastră, la fel ca toți oamenii, sunteți o făptură care s-a abătut de pe calea dreaptă, care face greșeli și care fără ajutorul lui Dumnezeu nici măcar nu e în stare să I se roage așa cum trebuie, nu e în stare să aducă singur, fără ajutorul Tatălui Ceresc, nici un lucru bun în această lume. Conștientizați-vă păcătoșenia, sărăcia lăuntrică, și cereți de la Dumnezeu să vă ajute să vă rugați.

Pe Dumnezeu nu-L puteți înșela. Lui Dumnezeu nu-I puteți da nimic. Singurul lucru pe care El îl vrea de la noi este pocăința și hotărârea sinceră de a ne îndrepta.

**3. Rugați-vă cu smerenie.**

Vă este foarte greu, însă Dumnezeu nu este vinovat pentru asta. El a făcut pentru dumneavoastră ceva ce ne vine greu până și să ne închipuim: le-a îngăduit oamenilor să Îl răstignească pe Cruce. De aceea, să nu cârtiți, să nu vă autocompătimiți. Cereți de la Dumnezeu fără posomorâre și fără pretenții, căci în amândouă se ascunde trufia. El Însuși vrea să vă dea tot ce aveți nevoie, și de la dumneavoastră se cere numai smerenie, adică să fiți gata să primiți orice voie a lui Dumnezeu cu încrederea, cu conștiința faptului că ea este pentru noi un bine.

**4. Rugați-vă cu credință.**

A te ruga fără credința în împlinirea celor cerute e inutil. Dacă te rogi cu credință, nici un cuvânt al rugăciunii nu rămâne zadarnic. Pentru Dumnezeu este tot atât de ușor să împlinească fiecare cuvânt al rugăciunii dumneavoastră pe cât vă este dumneavoastră de ușor să-l rostiți. Dacă nu aveți încă decât puțină credință, cereți de la Tatăl Ceresc credință.

**5. Pentru ca Dumnezeu să vă asculte, ascultați-L.**

Lui Dumnezeu Îi este neplăcută orice răutate a noastră. Răutățile noastre Îl răstignesc. De aceea, dacă nu ne străduim să fim buni, să împlinim poruncile Lui, rugămințile noastre vor fi o obrăznicie lipsită de orice îndreptățire. Trebuie să alungăm de la noi tot răul mai ales înainte de rugăciune și la începutul ei: dacă suntem supărați pe cineva, să iertăm; dacă cârtim împotriva lui Dumnezeu, împotriva sorții, să ne smerim. Să ne curățim de tot ce ne împovărează conștiința, și vom simți imediat cum rugăciunea noastră prinde aripi.

**6. Dumnezeu poate fi rugat pentru orice lucru care este bun în mod evident.**

Dacă cerem ceva ce poate fi neplăcut lui Dumnezeu (și, prin urmare, nefolositor pentru noi), fiecare cerere trebuie neapărat încheiată prin cuvintele: „Dar fie nu așa cum vreau eu, ci așa cum Îți place Ție!"

**7. Să aveți evlavie.**

Dacă ați veni în audiență la președintele țării sau la altă persoană influentă, probabil că ați avea o ținută respectuoasă. În timpul rugăciunii stați de vorbă cu Cel ce este nemăsurat mai influent decât orice pământean. Ca atare, dacă vă rugați în singurătate, trebuie să aveți o atitudine evlavioasă, iar dacă sunteți între oameni, pur și simplu evitați pozițiile vulgare, prea relaxate, și fiți evlavioși lăuntric.

**8. Rugându-vă, evitați să vă reprezentați imagini vizuale ale lui Dumnezeu.**

Lucrul acesta este periculos (trebuie precizat că a privi la icoana lui Iisus Hristos nu înseamnă a ți-L imagina vizual pe Dumnezeu).

**9. Cu ce cuvinte să ne rugăm?**

Rugăciunile lungi, pravilele de rugăciune sunt bune atunci când nu există durere exprimată printr-un anumit gând. Dacă există însă un asemenea gând care vă rănește, el vă va distrage de la cuvintele rugăciunii. Ca atare, în cazul dumneavoastră este mai bine să vă rugați cu rugăciuni scurte, îndreptate împotriva gândului respectiv. Aproape orice gând dureros este o minciună pe care ne-o strecoară demonii, și doar cu ajutorul lui Dumnezeu veți putea să o biruiți (unele rugăciuni scurte, potrivite anumitor scopuri, sunt reproduse mai jos).

**10. Rugăciunea trebuie să fie încărcată de emoție?**

Dacă vă rugați cu voce tare, evitați să dați atenție vocii, intonației, altfel rugăciunea vă va fi auzită numai de dumneavoastră. Tradiționala citire monotonă a rugăciunilor, care este stranie pentru novici, este folosită tocmai pentru a îndrepta rugăciunea dumneavoastră spre un nivel mai înalt, duhovnicesc. În scurtă vreme veți simți limpede deosebirea de forță între aceste două metode de citire: cea teatrală și cea duhovnicească, cea superficială și cea profundă. Și atunci când citiți în gând trebuie să evitați această greșeală.

**11. Cât de mult timp trebuie să ne rugăm?**

Până când veți simți ușurare. În situația despărțirii, durerea poate fi atât de persistentă, încât va trebui să vă rugați aproape permanent, dacă împrejurările vă permit.

**12. Cum să ne dăm seama dacă ne rugăm corect sau nu?**

Roadele rugăciunii corecte sunt pacea sufletească, liniștea cu privire la viitor, atitudinea pozitivă față de toți, recunoștința față de Dumnezeu. Dacă rugăciunea nu vă aduce aceste roade, înseamnă că undeva procedați greșit. Citiți literatură ortodoxă despre Dumnezeu și rugăciune.

# Rugăciuni scurte pentru situații de divorț, de criză familială

Rugăciunile scurte trebuie repetate de multe ori, până când veți simți ușurare. De regulă, sensul lor este opus sentimentului ce vă chinuie; de aceea, rugăciunea cere eforturi.

Dacă nu aveți o carte de rugăciuni, ar trebui să vă procurați cu prima ocazie una. Acolo există și alte rugăciuni potrivite, și pravilele de rugăciune indispensabile.

## *Cum să mă rog pentru a-mi ierta soțul (soția) sau a scăpa de gândul la el (ea)?*

Adeseori ne chinuie ranchiuna, dorința de răzbunare. Continuăm în gând dispute deja încheiate, purtăm dialoguri lăuntrice. Trebuie să terminăm neapărat cu toate aceste lucruri.

La început, să spunem pur și simplu, cu sinceritate, în noi înșine: „Iert!" După aceea, să ne rugăm, punând în cuvintele pe care le rostim dorința sinceră ca omului respectiv să îi fie bine.

*Doamne, binecuvântează-l pe (numele)!*

De ce această rugăciune este atât de eficace? După cum se știe, gândurile obsesive nu apar singure în capul nostru, ci ne sunt „vârâte pe gât" de către duhurile necurate. Scopul acestora este cel de a ne chinui și de a ne duce la noi păcate. Îndată ce începem să ne rugăm: „Doamne, binecuvântează-l", omul pentru care ne rugăm începe să primească imediat folos sufletesc, deoarece NICI UN CUVÂNT din rugăciunile noastre nu este în zadar, nu rămâne nebăgat în seamă de Dumnezeu, și orice folos, pentru oricine ar fi, nu intră în planurile demonilor. Ca atare, ei încetează să vă atace cu aceste gânduri. Încercați și vă veți convinge!

### *Cum să ne exprimăm sentimentul de vinovăție (rugăciuni de pocăință)*

De asemenea, ne chinuie deseori sentimentul vinovăției – în multe cazuri fals și exagerat. Oricum ar fi, totdeauna avem pentru ce să ne cerem iertare.

*Doamne, miluiește!*

*Doamne Iisuse Hristoase, Fiul lui Dumnezeu, miluiește-mă pe mine, păcătosul (păcătoasa)!*

*Împărăteasa mea preabună, nădejdea mea, Născătoare de Dumnezeu, tămăduiește rănile sufletești și trupești ale lui (numele) pe care le-au pricinuit păcatele mele. Îl (o) încredințez în întregime pe (numele) Domnului meu Iisus Hristos și acoperământului tău de maică, Preacurată. Amin.*

***Pentru biruirea depresiei, autocompătimirii, lipsei dorinţei de a trăi.***

*Slavă lui Dumnezeu pentru toate!*

*Slavă Ţie, Doamne, că cele vrednice de faptele mele primesc!*

*Născătoare de Dumnezeu, Fecioară, bucură-te, ceea ce eşti plină de har, Marie, Domnul este cu tine; binecuvântată eşti tu între femei şi binecuvântat este Rodul pântecelui tău, că ai născut pe Mântuitorul sufletelor noastre!*

***Pentru întoarcerea omului iubit.***

Rugămintea acesta se rosteşte aşa:

*Doamne, dacă este pe placul Tău să fim împreună, ajută-mi!*, iar apoi:

*Dar fie nu aşa cum vreau eu, ci aşa cum Îţi place Ţie!*

# Despre autorii convorbirilor

### *Igor Gagarin, protoiereu*

S-a născut în anul 1959. Parohul bisericii cu hramul Sfântul Ioan Înainte-Mergătorul din satul Ivanovskoe, regiunea Moscovei. Predă Pedagogia ortodoxă în seminarul teologic din Kolomna. Autor al câtorva cărți. Căsătorit, tată a doi copii.

### *Liudmila Ermakova, psiholog*

În anul 1974 a absolvit Facultatea de psihologie a Universității de Stat „M.V. Lomonosov" din Moscova. În anul 1980 a absolvit aspirantura în cadrul Facultății de psihologie a aceleiași Universități cu specializarea „psihologie pedagogică, a copilului și a vârstelor". După încheierea aspiranturii a lucrat în calitate de colaborator științific pe lângă catedra de pedagogie și psihologie pedagogică a Universității „M.V. Lomonosov", după care și-a continuat activitatea în Institutul științific și de cercetare pentru problemele generale ale educației de pe lângă Academia de științe pedagogice a U.R.S.S. Oferă consultații pe probleme ale familiei, copiilor, adolescenților ș.a. Autor a numeroase lucrări. Căsătorită, mamă a trei copii.

*Irina Moşkova, psiholog*

S-a născut în anul 1954. În anul 1977 a absolvit Facultatea de psihologie a Universităţii „M.V. Lomonosov". În anul 1982 şi-a susţinut teza de doctorat pe specialitatea „psihologie pedagogică, a copilului şi a vârstelor". Director al cabinetului psihologic „Binele familiei". Căsătorită, mamă şi bunică.

*Serghie Nicolaev, protoiereu*

S-a născut în anul 1952. Paroh al bisericii cu hramul Naşterii lui Hristos din satul Zaozerie, regiunea Moscovei. Moderatorul emisiunii „Predicatorul" la Radio Narodnoe. Autor a numeroase cărţi. Căsătorit, tată a trei copii.

*Irina Rahimova, psiholog*

A absolvit Institutul pedagogic de stat din Moscova cu specialitatea „psihologie practică". Din anul 2003 este director al asociaţiei social-psihologice „Familia ortodoxă", care acordă familiilor asistenţă psihologică şi catehetică. Căsătorită, mamă a doi copii.

*Mihail Hasminskii, psiholog de criză*

S-a născut în anul 1969. Maior de miliţie. A studiat psihologia în Academia Ministerului de Interne al Rusiei (catedra de psihologie, pedagogie şi organizarea lucrului cu cadrele). A lucrat peste trei ani ca psiholog într-un hospice pentru copii cu afecţiuni oncologice. Unul dintre organizatorii Centrului ortodox de criză de pe lângă biserica cu hramul Învierii lui Hristos din strada Semenovskaia, metoc patriarhal, și psiholog în cadrul acestui centru. Căsătorit, are un fiu.

*Svetlana Șvețova, psiholog*

S-a născut în anul 1958. A absolvit Institutul pedagogic de stat din Mordovia și Institutul psihologico-social din Moscova. Lucrează în cadrul Universității Ortodoxe Ruse „Sfântul Ioan Teologul" ca pedagog principal în cadrul catedrei de psihologie, precum și ca psiholog în Centrul ortodox de criză de pe lângă biserica cu hramul Învierii lui Hristos din strada Semenovskaia, metoc patriarhal. Mamă a doi fii.

# Cuprins

2,5